人力资源建设与管理

宋 琛 逯云丽 杨 恺◎ 著

吉林文史出版社

图书在版编目(CIP)数据

人力资源建设与管理 / 宋琛，逯云丽，杨恺著. -- 长春 : 吉林文史出版社，2022.7

ISBN 978-7-5472-8576-3

Ⅰ. ①人… Ⅱ. ①宋… ②逯… ③杨… Ⅲ. ①人力资源管理 Ⅳ. ①F243

中国版本图书馆 CIP 数据核字(2022)第 121786 号

RENLI ZIYUAN JIANSHE YU GUANLI

书　　名 人力资源建设与管理
作　　者 宋 琛　逯云丽　杨 恺
责任编辑 陈 昊
出版发行 吉林文史出版社有限责任公司
地　　址 长春市福祉大路 5788号
印　　刷 三河市金兆印刷装订有限公司
开　　本 185mm×260mm 1/16
印　　张 12
字　　数 271千字
版　　次 2023年 7 月第 1 版　2024年 7 月第 2 次印刷
定　　价 52.00 元
I S B N 978-7-5472-8576-3

前 言

在知识经济时代，随着生产力和科学技术的迅速发展，企业之间的竞争更加复杂、更加激烈。在这种复杂、激烈的关乎企业生存与发展的竞争中，人力资源的作用越来越突出。人力资源管理是构建企业核心竞争力的关键，继而成为企业获得成功的关键。从强调对物的管理转向重视对人的管理，是管理领域中一个划时代的变革。把人当作一种促使组织在激烈的竞争中生存、发展，始终充满生机和活力的特殊资源来刻意发掘并科学地管理，已成为当代先进管理思想的重要组成部分。

成功的管理者普遍认识到企业进一步发展的动力将是人才，人才的全球化竞争使企业的人力资源管理面临前所未有的挑战，企业只有更好地吸引、保留和发展其所需人才，才能拥有竞争优势而立于不败之地。它将人力资源视为一种获取竞争优势的首要资源，强调通过人力资源规划、员工培训与开发、绩效管理、薪酬管理等内容，来获取能与企业管理垂直匹配的具有竞争优势的人力资源配置。人力资源建设是决定企业成败的关键因素；其核心职能是参与企业管理决策，根据内外环境的需要倡导并推动变革，进行企业整体的人力资源建设，其职能直接融入企业战略形成和执行的过程中。

本书深入浅出，通俗易懂，注意理论知识与人力资源管理实践活动的紧密结合，主要通过言简意赅的语言、丰富全面的知识点以及清晰系统的结构，对人力资源建设与管理进行了全面且深入的研究，充分体现了科学性、发展性、实用性、针对性等显著特点，希望其能够成为一本为相关研究提供参考和借鉴的专业学术著作，供人们阅读。

目　录

第一章　人力资源管理概述 ······ 1

第一节　人力资源管理的含义 ······ 1
第二节　人力资源管理的组织、部门与岗位 ······ 9
第三节　人力资源管理者的职业素质要求 ······ 12

第二章　人力资源管理理论与规划 ······ 17

第一节　人力资源管理的理论 ······ 17
第二节　人力资源规划的任务 ······ 33
第三节　人力资源规划的制订 ······ 37
第四节　人力资源规划的方法 ······ 43

第三章　员工培训与开发 ······ 51

第一节　培训与开发概述 ······ 51
第二节　培训需求分析 ······ 60
第三节　培训计划制订与实施 ······ 68
第四节　培训效果评估 ······ 78

第四章　绩效管理 ······ 83

第一节　绩效管理概述 ······ 83
第二节　绩效管理流程 ······ 88
第三节　绩效考核管理 ······ 96

第五章　薪酬与福利管理 ······ 105

第一节　薪酬管理 ······ 105
第二节　薪酬设计 ······ 116
第三节　薪酬制度 ······ 129
第四节　员工福利 ······ 134

第六章　劳动关系管理 …… 137

第一节　劳动关系管理 …… 137
第二节　劳动合同管理 …… 143
第三节　劳动争议管理 …… 156

第七章　职业生涯管理 …… 163

第一节　职业生涯管理概述 …… 163
第二节　职业生涯管理理论 …… 167
第三节　职业生涯规划与管理 …… 175

参考文献 …… 183

第一章　人力资源管理概述

第一节　人力资源管理的含义

一、人力资源的含义

资源，是指为了物质财富的创造而投入生产过程的所有要素，包括土地、资金、技术、信息、人力资源等。现代意义上的“人力资源”（human resource，HR）概念是现代管理之父彼得·德鲁克（Peter F.Drucker）于1954年在其《管理的实践》一书中提出的。他指出：人力资源和其他所有资源相比较而言，唯一的区别就是它是人，并且是经理们必须考虑的具有“特殊资产”的资源；人力资源拥有当前其他资源所没有的素质，即“协调能力、融合能力、判断力和想象力”。20世纪60年代以后，西奥多·舒尔茨（Theodore W. Schultz）提出人力资本理论，他认为，人力资本是体现在劳动者身上的一种资本形式，它以劳动者的数量和质量，即劳动者的知识程度、技术水平、工作能力以及健康状况来表示，是这些方面价值的总和，人力资本的有形形态就是人力资源。人口质量和知识投资在很大程度上决定了人类未来的前景。

由此，可以初步认识人力资源：人力资源是指一定范围内为社会创造物质财富和精神财富、推动社会进步和经济发展的具有体力劳动和智力劳动能力的人的总称。人力资源包括数量和质量两方面的内容。人力资源的数量是指一国或地区拥有劳动能力的人口数量，而人力资源的质量是指人力资源所具有的体力、智力、知识、技能以及工作态度和心理素质。

与其他资源相比，人力资源是一种特殊的资源，必须通过有效的激励机制才能开发利用，并为企业带来可观的经济价值。对人力资源必须采取基于人性的管理方法，企业管理就是充分开发人力资源以做好工作。

二、人力资源管理的含义

人力资源管理（human resource management，HRM）也称为“有关人的企业实践”，是指对生产活动中的组织成员的管理。具体来说，就是组织根据发展战略的要求，借助各种政策、制度和管理实践，通过招聘、培训、使用、考核、评价、激励、调整等一系列管理过程，实现组织人力资源的有效配置、培养和激励，为企业创造价值，确保企业战略目标的实现。

人力资源管理包括对人力资源进行量的管理和质的管理两方面。前者是指对人力资源进行培训、组织和协调以及有效控制人力费用预算，使人力和物力保持最佳比例和有机结合，从量上实现人力资源的有效管理。后者是指对人的心理行为进行有效的管理，通过物质的、精神的多种激励手段，激发员工工作的积极性，调动他们的创新意识和成就动机，最终达到企业高效利用人力资源的目的，同时使员工在企业发展的过程中也同步成长。

现代企业的标杆实践早已表明，人力资源管理是企业战略成功的关键因素。21 世纪，人力资源管理方式由于全球化竞争、技术变革、劳动法律变革和员工队伍组成的变革等原因变得更具挑战性，经理人员必须更加努力地寻求更为有效的人力资源管理方式来获得竞争优势。研究者通过对管理实践的前瞻性研究也提出了一些新的话题，例如，心理契约的管理、社会合作伙伴关系管理和发展、弹性工作安排、新生代员工管理等，这将成为现代企业人力资源管理继续努力的方向。

三、人力资源管理的功能与职责

（一）人力资源管理的功能

人力资源管理在企业中的地位和作用日益突出，有效的人力资源管理应当能够帮助企业应对全球经济一体化和市场经济时代不确定性所带来的冲击。人力资源管理的功能可以用“5P”模型加以阐述。“5P”模型认为，人力资源管理是一项系统性的工作，它可以实现 5 项功能：识人、选人、用人、育人、留人（见图 1-1）。

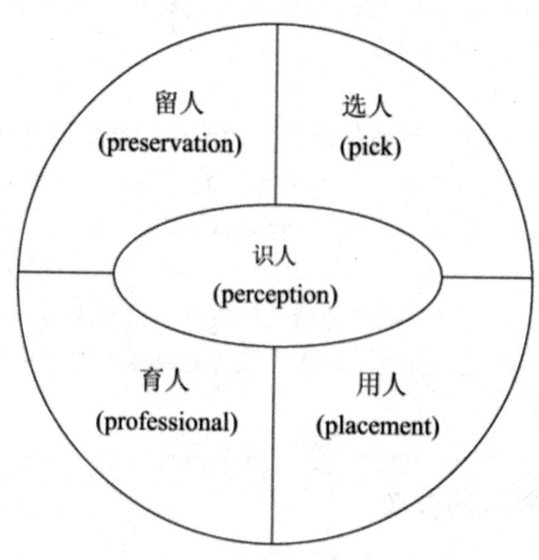

图 1-1　人力资源管理 5P 模型

1. 识人（perception）

识人是“基础”。所谓识人，就是要认识与了解人的心理与行为规律，洞察人的心理需求变化，它是人力资源管理工作的基础。人才识别指以科学的人才观念为指导，借助科学的人才测评技术和手段，识别符合企业需求的真正的人才。

2. 选人（pick）

选人是“先导”。选人是人力资源管理工作的首要环节，是对人员的招聘与选拔。选人必须在岗位分析的基础上建立并完善岗位说明书，设计科学的选拔方案，同时借助科学的选拔工具和手段提高选拔的信度和效度。

3. 用人（placement）

用人是“核心”。企业人力资源管理的出发点和落脚点在于用人，通过对人力资源的合理配置和使用，达到人尽其才、才尽其用的目的，同时达成组织既定的目标。要用好人，具体来说，首先，应在企业发展战略的基础上，制订人力资源战略规划，并分解制订科学合理的年度招聘计划，严格界定须引进人才的数量、层次和结构等内容；其次，在人力资源配置过程中，需做到知人善任、量才录用、任人唯贤，建立和完善人员流动机制和人事管理制度。

4. 育人（professional）

育人是“动力”。育人即培养人才。育人的根本目的，是激发员工的工作兴趣，提高员工的工作素质，规划员工的职业生涯，以达到使其成为职业专家能手的过程。因此，管理者的角色是老师、教练、专家。育人必须以战略为导向，既注重满足当前需求的培训，更注重满足未来需求的开发，着力建立一套科学的培训与开发体系。

5. 留人（preservation）

留人是“目的”。留人要解决“留什么人，怎样留人”的问题。企业应该留住的是人才，而人才又可以分为“现实的人才”和“潜在的人才”两类。对前者，要给予奖励和晋升，激励他们继续为企业工作；对后者，要给予培训与开发，使其尽快成为现实的人才。留人的核心在于实现“持续激励人”。组织是通过采取有效的激励措施，建立科学的考核与薪酬体系、建立发展通道、建设以人为本的企业文化等一系列管理活动留住优秀人才的。

总而言之，人力资源管理通过人力资源管理实践活动吸引工作岗位所需的适用人员加入本组织，通过培训与开发，增加其知识、经验、技能与能力，提升人力资本价值；通过激励与保持，使其长期留在组织中，从而增强企业的核心竞争力。

（二）人力资源管理的职责

人力资源管理功能需要通过各部门及岗位的职责来实现。通常将人力资源管理的职责划分为“六大模块”，分别是人力资源规划、招聘与选拔、培训与开发、绩效管理、薪酬管理、员工关系。这里，将人力资源规划中的岗位分析与设计独立出来，形成“七大模块”，如图 1-2 所示：

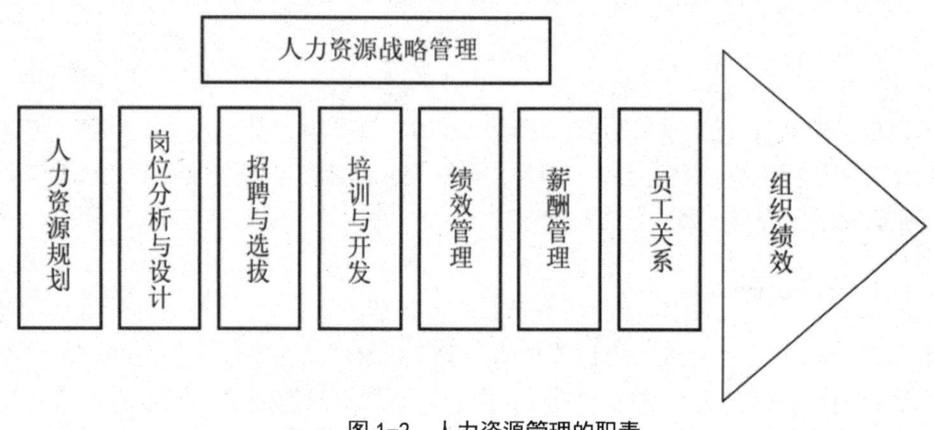

图 1-2　人力资源管理的职责

1. 人力资源规划

作为企业人力资源管理的首项任务，人力资源规划就是要依据组织业务发展的蓝图，制订企业用人的规划。一方面，它要保证人力资源管理活动与企业的战略方向和目标相一致；另一方面，要保证人力资源管理活动的各个环节互相协调，避免互相冲突。与此同时，需要考虑影响劳动力供求的有关因素，把市场竞争、员工流动、企业内部组织架构、业务流程的改变和整合等可变因素纳入人力资源规划的分析框架，使规划符合企业特点，满足企业中长期发展需求。

2. 岗位分析与设计

岗位（工作）分析与岗位（工作）设计是人力资源管理的基础环节。岗位分析是对企业中各个工作岗位的特征、规范、要求、流程，以及能够胜任该职位人员的素质、知识、技能等要求进行描述，形成岗位描述和任职说明。岗位分析的结果是员工招聘、选择、配置、考核、薪酬分配等工作的依据。

岗位设计是指在企业内如何进行专业分工和任务分解，决定不同岗位的权限、责任和职能范围。

3. 招聘与选拔

招聘与录用是在企业完成人力资源规划工作的条件下开展的具体工作内容，是根据企业人力资源规划和岗位分析的要求，为企业吸收、招聘员工的过程。员工招聘是企业人力资源管理中很重要的一个功能性环节，是其最基本的任务之一。员工招聘主要由招募、甄选、录用、评估等一系列活动构成。

4. 培训与开发

作为人力资源管理的一项基本职能活动，培训与开发是人力资源实现增值的一条重要途径。员工培训与开发是指通过各种方式使员工具备完成现在或将来工作所需的知识、技能并改变他们的工作态度，以改善员工现有或将来职位上的工作业绩，并最终实现组织整体绩效提升的一种计划性和连续性的活动。

5. 绩效管理

为了提高自己的竞争能力和适应能力，许多企业都在探索提高生产力和改善组织绩效的有效途径，绩效管理是企业普遍采取的措施之一。绩效管理的具体内容涉及员工绩效考核目标的制定、阶段性沟通反馈、依据考核结果进行奖惩、培训与辅导等。绩效评价结果可以给管理部门提供决策的意见，如员工培训、晋升、薪酬分配、解职等。

6. 薪酬管理

薪酬管理是指企业在经营战略和发展规划的指导下，综合考虑内外部各种因素的影响，确定自身的薪酬水平、薪酬结构和薪酬形式，并进行薪酬调整和薪酬控制的整个过程。薪酬管理包括基本工资、绩效工资、津贴、激励工资（包括奖金、分红、股权激励）等报酬的分配与管理。薪酬管理是企业人力资源管理中最为敏感、最为关注、技术性最强的一项任务，也是企业吸引人才、留住人才、激励员工的最有效的一个杠杆。

7. 员工关系管理

为使员工努力工作，组织应创造一种积极的工作环境，即良好的员工关系。企业在追求商业利益的过程中，必须重视员工健康、人身安全和各种利益关系的综合协调，避免不必要的矛盾和纠纷，建立具有人文关怀的企业文化，建立企业与员工共存共荣的牢固关系。

以上各项职责是相互联系、相互作用的整体。人力资源管理不是各种工作的简单集合，而是通过这些工作来协调和管理组织中的人力资源，从而有效地实现组织目标。

（三）人力资源管理的职责分担

在现代企业管理中，不要误以为人力资源管理职责仅仅是由人力资源管理部门来履行的，事实上，人力资源管理应当是各级各类管理者的共同职责。人力资源特别重要，所以不能单独让人事部门负责。在组织中，参与人力资源管理活动的主要责任主体包括公司的高层管理者、直线经理（非人力资源管理部门管理人员）、人力资源部和企业的每一位员工。以上四者共同承担着公司的人力资源管理职责。首先，高层管理者负责人力资源管理政策的制定、建设领导团队等重大人力资源管理职责。其次，人力资源管理部门与非人力资源管理部门承担着大量具体的人力资源管理职责，其侧重点有所不同，如表 1-1 所示：

表 1-1　人力资源管理部门与非人力资源管理部门的职责分担示例

职能	人力资源管理部门	非人力资源管理部门
人力资源规划	预测公司的人员需求；预测公司的人员供给；制订平衡人员供给与需求的计划；制订人力资本投资规划；建立人力资源管理信息系统	分析本部门的业务发展规划，向人力资源管理部门提供人才需求计划
岗位分析与设计	根据非人力资源管理部门提供的信息，编写或修订职位说明书	部门岗位分工设计，流程优化，向人力资源管理部门提供岗位职责与任职人员要求的信息
招聘与选拔	发布招募信息；开辟招募渠道；选择各类人员甄选工具量表；初步筛选应聘人员；配合其他部门对应聘者进行面试和其他测试；为新员工办理各种手续	提出人员需求的条件；在人力资源管理部门的配合下对候选人进行甄选，确定最终人选；在招募时提供较为现实的未来工作展望
培训与开发	制定培训管理体系；确定培训需求；制订培训计划；组织实施培训计划，对培训过程进行管理；建设并管理培训开发基地；评估培训效果；制订管理人员继任计划；管理者能力评价与潜能开发；员工职业生涯设计指导	向人力资源管理部门提出培训需求；组织员工参加有关项目的培训；负责在岗培训项目的实施；提出培训改进建议；促成培训成果的转化；提供一个富有挑战性的最初工作；根据员工的职业目标评价其职业进步情况，确认员工需要在哪方面进行职业开发活动
绩效管理	制定绩效管理体系，确定考核内容、时间、周期、方法及步骤等；指导各部门确定考核标准；培训考核者；组织考核的实施，协助并监督各级主管进行绩效考核；绩效考核面谈；处理雇员对考核的申诉；保存考核结果；对考核进行评估总结；根据考核结果做出有关决策	确定本部门考核标准；参加考核培训；对本部门实施考核；就考核问题与员工沟通，制订绩效改进计划
薪酬管理	进行市场薪酬调查，确定薪酬水平、薪酬结构、发放方式等，制定薪酬管理体系；制订各种激励、奖励计划；审核各部门奖惩建议；制订福利计划；办理社会保险及公积金	向人力资源管理部门提出有关奖惩建议，提供行业薪酬信息等

从表 1-1 的示例中可以看到，人力资源管理部门与非人力资源管理部门的人力资源管理责任有所不同：非人力资源管理部门是人力资源政策和制度的执行者、有关需求的提出者，也是人力资源管理氛围的营造者；而人力资源管理部门则是人力资源政策与制度的制定者、政策与制度执行情况的监控者、相应服务的提供者。最后，员工自己也承担着人力资源管理的一定责任，主要是员工对组织的心理期望要与组织对员工的心理期望达成“默契”、参与团队管理、成为学习型人才、进行职业生涯设计与管理、进行跨团队跨职能的

合作，即员工负有自我开发与管理的责任。

总而言之，现代人力资源管理已进入全面人力资源管理时代。无论是人力资源管理部门还是其他业务部门，均承担着人力资源管理的职能。组织通过组织设计、人才发展战略和规划、建立人才发展通道、建立人才标准（胜任力模型和任职资格体系）、建立选人用人机制、薪酬体系、培养体系、管理监督等人力资源工作，来实现对人才的全面管理。

四、人力资源管理的发展阶段

人力资源管理可以追溯到很久以前。从其产生的背景和演变的过程来看，它是伴随着管理实践、管理理论的发展而发展的。人力资源管理的发展过程可以划分为三个阶段，即经验管理阶段、人事管理阶段和人力资源管理阶段。

（一）经验管理阶段（19 世纪中叶以前）

人力资源管理可以追溯至公元前 18 世纪。这一时期生产的形式以手工作坊为主，并开始向机器化大生产转化。这时期的作坊老板直接行使选人、用人和管人等管理职能。由于管理主要是经验式的管理，因而各种管理理论知识尚未系统化。

（二）人事管理阶段（19 世纪末至 20 世纪 80 年代）

人事管理阶段又可具体分为以下几个阶段：科学管理阶段、人际关系管理阶段、行为科学管理阶段。

1. 科学管理阶段（19 世纪末至 20 世纪初）

20 世纪初的 1911 年，“科学管理之父”弗雷德里克·泰勒（Frederick Taylor）发表了其代表作《科学管理原理》，这标志着企业管理由漫长的经验管理阶段，步入划时代的科学管理阶段。泰勒在人事管理方面主要提出以下管理方法：以“劳动定额”“工时研究”为主要管理方式，对劳动效果进行科学合理的计算；劳动方法、劳动工具标准化；有目的地培训工人；明确划分了管理职能和作业职能，劳动人事部门开始出现，主要职能是监工，还负责招工、协调和配置人员。

2. 人际关系管理阶段（20 世纪 20 年代至 50 年代）

科学管理尽管对经验管理来讲是质的飞跃，但它存在自身的不足和缺陷，即过分强调工作效率，忽视员工的心理需求。随着社会的进步和人民生活水平的提高，经济组织里的员工对缺乏人性关怀的科学管理感到厌倦。如何调动员工的主动性和积极性成为管理学研究的重要课题。

20 世纪 20 年代，以哈佛大学心理学家梅奥（Mayo）为组织者的研究小组在芝加哥附近的霍桑工厂进行了一系列实验，这就是著名的“霍桑实验”。梅奥得出结论：生产效率不仅受物理的、生理的因素影响，而且还受社会环境、社会心理的影响。他提出工人不是

“经济人”，而是“社会人”，具有心理与社会方面的各种需求。另外，他还提出了企业中除正式组织外还存在非正式组织的见解。这些研究结果导致了人际关系理论的产生。

3. 行为科学管理阶段（20 世纪 50 年代后期至 70 年代末）

行为科学是在人际关系学说的基础上形成的。但行为科学以更广泛的理论学科和应用学科为理论，涉及更多的问题。它重视对个体心理和行为、群体心理和行为的研究和应用，侧重于对人的需要和动机的研究，探讨了对人的激励研究，分析了与企业有关的“人性”问题。这一阶段在理论上，已经从过去只重视对具体工作和组织的研究，转向重视人的因素的研究，这是从重视“物”转向重视“人”的一种观念和理论上的飞跃。

在人事管理阶段，虽然逐渐开始重视人的因素，但企业的人事管理仍然更多地关注事的管理，并不关注员工绩效，员工在企业不被看作可待开发的资源，而是简单以人事档案的形式存在。

（三）人力资源管理阶段（20 世纪 80 年代至 20 世纪末）

“人力资源”这一概念早在 1954 年就由彼得 • 德鲁克在其著作《管理的实践》提出并加以明确界定。20 世纪 80 年代以来，人力资源管理理论不断成熟，并在实践中得到进一步发展，为企业所广泛接受，并逐渐取代人事管理。

现代人力资源管理基本上涉及了企业人力资源管理最为重要的几方面，即人力资源战略与规划、岗位分析、雇员的招募与甄选录用、工作绩效评价、培训与人力资源开发、薪资福利与激励计划、劳资关系与雇员安全与健康计划等。然而，人力资源管理取代人事管理，并不仅是名称上的改变和内容的进一步丰富，它更是一种管理观念上的根本性变革。现代人力资源管理与传统人事管理的最大区别就在于：过去的人事管理是以工作为中心的，即让人去适应工作，而现代人力资源管理则是以人为中心的，它总是力图根据人的特点和特长来组织工作，从而使得人力资源的能量得到最大的发挥。

（四）战略人力资源管理阶段（20 世纪末至今）

进入 20 世纪 90 年代，人力资源管理进入战略伙伴阶段。把人力资源战略作为公司重要的竞争战略，或者从战略的高度考虑人力资源管理问题是本阶段的人力资源管理特征。招募、甄选、培训开发、奖惩、薪酬以及对劳动者进行激励的重要性，已经受到了组织中每一个单位和每一个职能领域的重视。企业不再只是对人力资源进行浅层次的管理，也不只是为其他部门提供例行性服务，而是将人视为一种可增值的资源进行深度的开发与经营。这个阶段，企业需要建立起由企业高管人员、直线经理以及专业 HR 管理团队共同组成的人力资源经营主体，实施系统化、全面化的人力资源管理理念，而不再认为人力资源管理工作应由 HR 部门独立处理。战略人力资源管理理论的提出和发展，标志着现代人力资源管理新阶段的开始。

第二节　人力资源管理的组织、部门与岗位

一、人力资源管理服务的组织

有人的地方就需要管理，任何组织都需要人力资源管理从业者。在此，主要讨论“非人力资源服务行业”与“人力资源服务行业”中的人力资源管理工作。作为人力资源管理领域工作者，对前者，你服务的是内部员工；对后者，你服务的是外部客户。当然，在人力资源服务行业企业中，一样有人力资源管理部门为组织内部服务。

（一）非人力资源服务行业机构

大多数企业设置有职能部门负责人力资源管理工作，例如人力资源部、行政人事部等。如果你在单位中从事人力资源管理工作，你将是以本组织的员工(内部客户)为管理、服务对象，开展人力资源规划、岗位分析、招聘、培训、薪酬管理等工作。

除了企业之外，事业单位、各社会团体等组织也需要人力资源管理工作人员，你也可以经公务员录用考试后进入政府有关部门（主要为有关部门的人事处、人事教育处或相关办公室）从事工资计划、年报及有关统计的初审和汇总，机关工资统计、核定等工作。

（二）人力资源服务行业机构

20 世纪 80 年代以后，专业的人力资源服务机构开始出现并迅速发展壮大。“人力资源服务”产业链主要包括公共就业、职业中介、劳务派遣、职业技能鉴定、人力资源外包等。我国人力资源服务的业态环境正日渐成熟，面临着新的发展机遇。

从服务层次上看，人力资源服务机构大致可分为三大类。第一类是高端的综合型中介咨询机构，包括一些国际型的咨询服务公司以及会计师事务所，例如麦肯锡公司、德勤会计师事务所等。他们的专业领域在于帮助客户企业进行人力资源的战略布局和策略性规划。这类公司的竞争力在于自身品牌和客户对其专业性的认可和追随；第二类是中端的专业型人力资源服务机构，他们进入多种细分市场，通常为客户提供 HR 的配套服务，包括薪酬体系设计、员工培训、职业规划、政策咨询等；第三类是人才市场和劳动力市场，他们依托政府支持和低运作成本，提供中低端市场的招聘、行政管理、员工档案管理、劳动关系管理等服务。

如果选择在人力资源管理公司、人才市场、猎头公司、管理咨询（顾问）公司、培训公司等人力资源服务机构任职，工作角色将体现为：以外部客户为服务对象，从事人才招

聘、档案托管、职业资格认证服务、咨询（顾问）、培训等工作。

二、人力资源管理部门与岗位

（一）人力资源管理在组织中扮演的角色

组织中包含着物质资源、技术资源、资金资源、人力资源和客户资源等很多资源，各种资源都是由人来进行管理的，因此人力资源管理是管理“管理资源的人”。人力资源管理的职能同生产管理、营销管理和财务管理等其他管理职能一样，对企业的成功来说是至关重要的。

由于时代的变化与演进，企业为了适应环境的变化，自身也在发生着改变，人力资源管理的角色也处在变化中。作为企业获取竞争力的帮手，人力资源管理者应更注重工作的产出，而不仅是把工作做好。根据人力资源管理的战略决策、行政效率、员工的贡献和变化能力这四种产出，尤里奇归纳了人力资源管理者的四个基本角色，如表 1-2 所示，它们分别是战略伙伴、职能专家、员工支持者、变革推动者。

表 1-2　人力资源管理者的基本角色

角色／区分	有效产出／结果	形象化比喻	行为
管理战略性人力资源	实施战略	战略伙伴	把人力资源和经营战略结合起来
管理组织的机制结构	建立有效机制结构	职能专家	组织流程的再造:“共享的服务项目”
管理员工的贡献程度	提高员工的能力和参与度	员工支持者	倾听并对员工意见做出反应：“为员工提供所需的资源”
管理转型和变革	创建一个崭新的组织	变革推动者	管理转型和变革:“保证应变的能力”

1. 战略伙伴

战略伙伴角色主要集中于把人力资源的战略和行为与经营战略结合起来。人力资源高层管理者成为企业战略小组的成员之一，参与企业战略规划的制订过程并确保企业所制定的与企业经营战略结合在一起的人力资源管理战略得以贯彻执行。

2. 职能专家

职能专家角色要求人力资源管理者设计和提供有效的人力资源流程来管理人事培训、奖励、晋升以及其他涉及组织内部人员流动的事项。一方面，人力资源管理职能主要是执行公司制订的战略经营规划，包括设计并执行服务于战略目标的人力资源政策、制度或操作性方案；另一方面，还要关注企业人力资源管理的日常活动，包括管理员工档案、进行考勤记录、各种手续的办理、处理员工申诉、回答员工关于差旅和病假等政策方面的疑问、员工服务以及福利的发放等。

3. 员工支持者

员工支持者的角色承担着对雇员的献身精神和贡献进行管理的任务。例如，落实企业的薪酬战略以激发员工的积极性，为员工进行职业生涯管理以提高员工的组织承诺与心理契约水平，对员工的工作进行考评以做到奖惩分明，关心员工的工作与生活以打造和谐积极的企业文化等。人力资源管理部门的这些角色活动能够给企业带来发展壮大的动力。

4. 变革推动者

组织变革是重大的战略举措。变革的推动者要求企业人力资源管理者在尊重和欣赏企业传统和历史的同时，具备为未来竞争的观念和行动。人力资源高层管理者要帮助组织确定何时进行组织重整，以适应新的竞争条件并且对变革的过程进行管理。

近年来，随着计算机、网络技术的发展和专业人事代理服务公司的出现，人力资源工作者和部门可以省去或剥离大量的行政性事务和部分的业务性职能工作，例如将员工薪酬的计算、人力资源信息的统计等交给人力资源管理信息系统，将人事档案的管理、保险费用的缴纳、部分招聘与培训职能“外包”给第三方公司。如此，人力资源管理者将发挥出更高价值的角色功能。

（二）人力资源管理部门的常见架构

人力资源管理部门的架构是人力资源管理部门内部的组织机构设置，通常根据人力资源管理的主要活动来设计工作岗位。

较小的企业一般有专门的人力资源管理人员，但没有独立的人力资源管理部门，人力资源管理职能被合并在行政部、行政人事部、总经理办公室等部门。

随着企业规模的扩大，需要有一个独立的职能部门协调处理人力资源管理工作。对一个中型企业来说，人力资源部门承担的职能较为复杂，因此部门内设置了职能专员，如招聘专员、薪酬专员等。

近年来，随着流程再造思想的推广和普及以及计算机和网络技术的发展，有些企业人力资源管理部门的架构也发生了根本性的变化，产生了一种以客户为导向、以流程为主线的新的组织结构形式，被称为“三支柱”模式，形成对传统组织架构的颠覆。

（三）人力资源管理岗位

人力资源管理岗位有以下划分方式：

1. 按服务对象划分

分为两类：一是组织内部的人力资源管理岗位，例如人事助理、人事专员、人事主管等；二是服务外部客户的岗位，如培训顾问、职业规划师、心理咨询师、企业法律顾问（劳动关系、劳动争议类）等。

2. 按职能模块划分

主要包括招聘、培训、考核、薪酬福利、员工关系等模块的主管、专员、助理。

3. 按职位层次划分

主要包括人力资源文员、助理、专员、主管、经理、总监（行政副总裁）。人力资源管理相关工作岗位的名称与定义如表 1-3 所示：

表 1-3　人力资源管理职业与岗位设置

序号	岗位名称	岗位定义
1	人力资源总监、经理	利用人力资源专业知识，将公司的人力资源战略与企业战略结合起来，使人力资源管理能够直接创造价值
2	人力资源培训师、顾问师	将人力资源专业知识教授给人力资源从业者，帮助企业诊断人力资源及其运作障碍
3	人力资源主管、专员	在人力资源管理领域的某一方面，具有较专业的知识和较深造诣，并能承担某一方面的责任
4	人力资源文员、助理	具备人力资源管理领域的基本知识，能够协助人力资源主管或经理从事人力资源管理工作

第三节　人力资源管理者的职业素质要求

一、职业素质的内涵

职业素质是指那些与具体职业相关的，在工作情境中创造高绩效所必需的知识、技能、动机、个性、自我形象、价值观和社会角色等潜在特征。素质决定了一个人能否胜任某项工作或很好地完成某项任务。“冰山模型”形象反映了素质特征及各自所处的层次。如图 1-3 所示，知识与技能在一个人的素质中处于表层，易于观察和测量，同时也易于模仿，它们在一个人的成功中起作用，但不起决定性的作用；而那些处于深层的特征，如动机、个性、社会角色、自我形象和价值观等，则常常成为一个人取得成功的关键，但它们不易观察和测量。下面对冰山模型进行进一步的解读，把冰山分为上、中、下三层，分别是能力（ability）、个性（personality）、动力（motivation），即“能不能”“合不合”“愿不愿”。

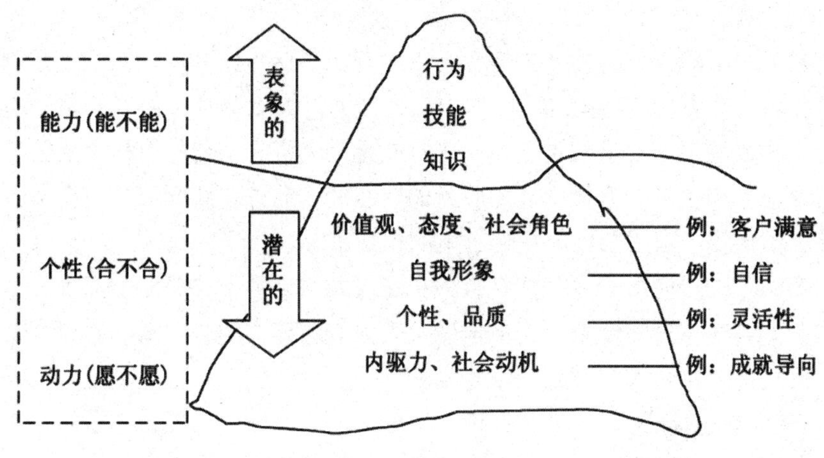

图 1-3　素质冰山模型

二、人力资源管理专业人员的素质要求

对人力资源管理专业人员而言，职业素质是其对人力资源管理工作的了解与适应能力的一种综合体现，在此从“能不能”（专业知识、职业技能），“合不合”（性格特质、管理理念）等方面进行探讨。

（一）专业知识

人力资源管理工作者必须具备合理的、广博的知识，包括专业知识与业务知识。专业知识指履行人力资源管理职责所必需的各种知识，如公司的人力资源政策、制度、人事管理流程及相关的法律法规等；业务知识指了解本企业所在行业、本企业的运作环境、产品及相关设计、制造、销售等情况。

（二）职业技能

技能是指运用人力资源管理技术的能力。在此介绍人力资源管理专业人员应当具备的基本技能、管理技能和专业技能。

1. 基本技能

（1）口头表达能力

作为经常要和各方联系的人力资源工作者，具有较强的人际沟通能力是很必要的。可能要借助演讲和谈话来表达自己的看法；可能会用微笑、点头、拍肩膀来激励员工，通过各种方式向他表明已经看到了其所取得的成绩；也可能需要不失时机地安慰失望者和悲伤者，让他们充分体会到言行中所表达出的支持和关怀。善于与人交流永远都是人力资源工作者必备的素质。

（2）公文写作能力

写作是人力资源工作者的基本任务，人力资源部门乃至其他部门的规章制度、文书通告等大多出自人力资源工作者之手，所以写作能力是人力资源工作者的基本功。

符合人力资源工作要求的文字写作本身就是人力资源工作的有机组成部分。人力资源工作者写作任务的范围是比较广泛的，可能有制度、通告、新闻稿件、公共关系简报、信函、致辞、演讲稿、有关公告、祝贺卡上的祝贺语等。

人力资源工作者应是一名写作高手，在写作的文字中不仅要能够准确表达意思，而且也要能准确地表达态度和情感。简单地说，人力资源公文的文字写作不仅要符合一般的写作要求，而且也要符合人力资源工作的要求。

（3）人际交往能力

人力资源工作者的人际交往能力可以包括以下方面：

①交际礼仪的掌握

人际交往有一定的规范和要求，像服装、体态、语言、人际距离、宴会的座位安排等在交际活动中如运用得当，可以大大增强人际沟通的效果。

②交际艺术的掌握

交际艺术可以实现更有效的沟通。交际艺术涉及对时间、地点的巧妙运用，对交际形式的创造性发挥，有助于消除对方的心理障碍等。

③交际手段的运用

交际能力也可在对交际手段的运用上表现出来。如怎样恰到好处地赠送礼品、纪念品；怎样准确地使用语言和非语言；怎样驾驭自己的情感等。

（4）计算机、办公设备使用能力

人力资源工作者在工作中要能够使用 Word、Excel、Powerpoint，IE 等软件、工具撰写文件、演示文档、查找资料；掌握办公自动化系统、管理信息系统的使用方法；对打印机、传真机、复印机等办公设备也要能够熟练操作。

2. 管理技能

（1）组织能力

人力资源工作者的组织能力是指人力资源工作者在从事人力资源管理活动过程中计划、组织、安排、协调等方面的活动能力。人力资源工作者的组织能力包括以下内容：

①计划性

人力资源管理活动是要有计划的，不仅要明确为什么进行、进行什么和怎样进行，还要知晓先做什么、后做什么。只有明确了这些，人力资源管理活动才能有条不紊地顺利进行。

②周密性

要保证人力资源管理活动成功，就要对方方面面的问题考虑周全，不仅要重视大的方面，如活动的内容、形式，而且对一些细小的方面如员工的接待、环境的布置、仪表、仪容、穿着服装等均应引起足够的注意，不要因为细节方面的失误而破坏总体效应。

③协调性

一项人力资源管理活动并不是少数几个人力资源职员的事，而是需要各方面的配合和支持。

（2）沟通协调能力

在企业组织中，管理者要花大部分的时间在协调与沟通上，组织绩效的绊脚石往往是缺乏有效的协调与沟通。人力资源工作者要善于沟通、协调企业内外各种关系，善于缓和矛盾、解决冲突，使管理工作各方面的因素都协调一致，相互配合，从而提高整体效能。

（3）资源整合能力

所谓资源整合，就是将一些看起来彼此不相关的事物加以组合，创造出一种新生事物，使各种资源自身的价值得到增值的过程。善于整合资源的人力资源工作者，往往具有独到的眼光，能够看出各种资源背后潜藏的价值，提出资源整合的思路与方案。事实上，人力资源管理工作本身就体现着大量的资源配置与整合工作。例如：对组织的人力资源进行调配与共享，使组织的人力资源匹配达到最佳；对各种培训资源、外部智力资源、咨询公司、人才中介机构等进行整合，使其成为企业的共享资源。

3. 专业技能

人力资源工作者应具备的专业技能包括：①人力资源规划、招募和选择的技能；②人力资源培训与开发的技能；③绩效评估和薪酬福利管理的技能；④员工和组织关系的管理技能；⑤其他技能。

（三）性格特质

人力资源工作者应当具备以下性格特质：

1. 思维敏捷

人力资源工作者必须有高水平的思维能力，对复杂事物能有效地加以分析，学习能力强，遇到突发情况时能迅速想出解决问题的办法。

2. 积极主动

人力资源工作者应善于发现工作中的问题，敢于变革，勇于创新。

3. 平易近人

只有具备亲和力，才能保持良好的人际关系，才能得以接近和了解他人，能够有机会去倾听不同的声音和发现隐藏在事物表面下的真相。

4. 坚定勇敢

人性是难测的，人力资源管理过程中必然会发生许多的质疑、冲突。因此，一个优秀的人力资源工作者必须具有坚定勇敢的意志力承受来自各方面的压力和挑战。

5. 忍耐性强

在突发性的事件或问题中，有些会令人力资源工作者难堪，这时需要人力资源工作者有较强的情感驾驭能力，要尽可能地克制和忍耐，耐心地说服和解释。

（四）管理理念

人力资源工作者应当具备以下管理理念：

1. 精益求精

人力资源管理工作事无巨细，事事都重要。人力资源工作者应该有认真做好工作中的每一件“小事”的责任心。责任心体现为对业务的精益求精，应时时、事事寻求合理化，精通人力资源管理业务，知人善任，用人有方，追求人与事结合的最佳点。

2. 多方共赢

作为参与企业战略制定与执行的人力资源管理工作者，在企业中扮演“员工激励者”和“员工服务者”的双重角色，这要求人力资源管理工作人员具备“爱心”：他们相信并听取员工的意见，愿意帮助他们成长；他们是自信而谨慎的辅导者，是帮助者，而不是操纵者或掠夺者。

3. 公平公正

对人力资源工作者来说，只有公正才可以做到无私，才会有“心底无私天地宽”的豁达，才有能力和勇气去“内举不避亲，外举不避仇。”

第二章 人力资源管理理论与规划

第一节 人力资源管理的理论

一、人性假设

注重人性，不但可以提高工作效率，并可增进机械的运用程度，促进企业内员工的精诚合作，发挥社会和谐作用，提高人类精神文明和物质文明。

管理学理论中存在四种对人性的假设：经济人、社会人、自我实现人（自动人）和复杂人。

（一）“经济人”假设

这是早期的管理思想。它认为组织中人的行为的主要目的是追求自身利益，工作动机是为了获得经济报酬。

第一个提出“经济人”假设的，是英国早期的著名经济学家亚当·斯密（Adam Smith）。他认为，充分的经济自由是财富不断增加的首要条件和基石，而在自由经济制度中，经济活动的主体是体现人类利己主义本性的个人。每个人都在不懈地追求经济利益，同时不得不考虑别人的利益。在这样的过程中，建立起社会秩序，创造出财富。

在微观经济活动范围内，把“经济人”假设作为他的科学管理体系的基石。资本家为了获取最大的利润才开设工厂，而工人则为了获得经济报酬来工作，只有劳资双方共同努力，大家都可得到好处。他的一切管理制度，都着眼于如何根据工人的劳动量给予恰当的报酬。造成工人“磨洋工”的原因，主要是工人认为他们得不到他们认为应该得到的经济利益。科学管理的精神是劳资双方的合作，但归根结底，合作的内容是双方不再把注意力放在盈余分配上，他们将注意力转向盈余的数量上，使盈余增加到如何分配盈余的争论成为不必要。企业中成员的积极性问题，包括竞争或合作、努力工作或磨洋工，都是由于经济上的原因。

1957 年，美国心理学家麦格雷戈（Douglas M. Mc Gregor）从理论上归纳了传统管理者的人性观。把“经济人”这一假设叫“X 理论”。这一理论认为，多数人不能自我管理，因此需要另外的少数人从外部施加压力。为了要达到企业经营的目的，追求生产的高效率，管理与作业必须分开。同时要运用严格的管理制度，也就是强制性的管理对人进行控制。X 理论的管理特点就是“胡萝卜”加“大棒”。“胡萝卜”的作用在于满足人的物质追求，保持行为动力，“大棒”的作用在于迫使人的行为与组织目标保持一致性。

（二）“社会人”假设

“经济人”假设不能解释企业中工人积极性波动的缘由。“社会人”假设认为，人的行为动机不只是追求金钱，工人有强烈的社交需求。如果工人在企业、家庭、社会中与他人关系不协调，其工作情绪就会受影响。如果工人与监工的关系或工人与同伙的关系改善了，产量就可能提高。因此，管理者应重视工人在社会交往方面的需要。

“社会人”的观点与“经济人”的观点相比，无疑是一大进步，更贴近劳动组织中工人的心理现状。它强调了人的社会性需求，突出了人际关系对个人行为的影响。企业管理实践确实表明了经济刺激手段的有限性。“社会人”假设上的管理行为，主要内容是:

第一，管理者除了应该注意工作目标的完成外，更应该重视工作本身对员工需求的满足程度。

第二，在控制激励工人之前，应先了解他们对团体的归属感，及对社会需求的满足程度。

第三，重视工作团体对职工的影响和团体的奖励制度，改变传统的任务导向型领导方式等。例如，传统的生产线重视工作效率，但单个工人个别工作的操作方式使工人社交受阻，简单的操作工艺使人易于疲劳，于是根据“社会人”假设，提出了工作丰富化和工作扩大化的建议。

（三）“自我实现人”（也称“自动人”）假设

这个理论也是麦格雷戈在 1957 年提出的。“自我实现人”是“社会人”的发展。该假设认为，人除了有社会交往需求以外，还有一种想充分表现自己的能力，充分发挥自己能力的欲望。“自我实现人”假设是针对“经济人”假设提出的。根据“自我实现人”的特点，麦格雷戈也提出了与之相应的管理理论，并称为“Y 理论”。基于这个理论，管理者应创造条件，提供指导和机会，帮助被管理者挖掘潜力，克服障碍，鼓励其成长，由工人自我激励，而自然地达到组织目标。

“自我实现人”假设和“社会人”假设都强调员工的心理需求，但需求内容不同。按照“社会人”假设，一个充满关心、体贴的环境将能激励员工努力工作，而按“自我实现人”假设，员工重视的是工作的挑战性，只要某项工作有利于他能力的发挥，达到他认为的自我价值的实现，哪怕是暂时的孤独、冷僻，也不会打击其积极性。建立在“社会人”假设基础上的管理方式，是通过关心员工而让员工努力工作，是一种手段与目的的关系。而“自我实现人”假设基础上的管理方式本身就是目的，员工是出于对工作的热爱而努力工作。在这样的理论指导下，以后出现了“目标管理”“参与管理”等管理方式。

（四）“复杂人”假设

尽管“自我实现人”比“社会人”“经济人”更切合实际，但仍不能令人满意地解释职工积极性的源泉问题。事实上，一方面职工的价值取向多种多样，没有统一的追求；另一方面，同一个人也会变化，今天是“经济人”，明天可能追求良好的人际关系。“复杂人”假设认为：人不只是单纯的“经济人”，也不是完全的“社会人”，更不可能是纯粹的“自动人”，人的需要是多种多样的，同一个人在同一时间内会有多种需要，并且会随着工作生活变化不断产生新的需要。这一理论被称为“超 Y 理论”。

与之相适应的管理理论，称为“权变理论”，即管理实践按其本性就是要管理者在应用理论或方法时应考虑现实情况，因此，做好一个管理者的实际工作要取决于所处的环境与条件，它要求管理者具有洞察人的个性差异的能力，并能随机应变地采取适当的管理方法。

回顾人性假设的发展历史，可以给管理者带来一些启示：

第一，应当始终重视影响员工积极性的原因。

第二，没有统一的“人性”，在特定历史条件下，各种不同的管理方式可能都有效。若盲目迷信、追随某种时髦的管理方式，很可能要失败。那种从彼时彼地引进一个新的名称，指责此时此地的管理方式，而不去研究新假设产生的社会条件的做法，并不能解决实际管理问题。

第三，应同时重视员工的物质需求和心理需求。尽管不同时期会有不同侧重，但任何时候都不应偏废哪一方面。尤其是在当今管理者强调员工参与管理、发挥员工自主性时，更不应忽视普通人的生理物质需求。

二、激励理论

激励是指引起个体产生明确的目标指向行为的内在动力。人们的行为是由动机支配的，而动机又是由人的需要引起的。需要是个体在某一特殊阶段的匮乏和不足，它们可以是心理的（如被认可的需要）、生理的（如水、空气或食物的需要）或社会的（如友谊的需要）。需要是动力之源，它会使个体处于紧张状态，这种不安和紧张状态就会成为一种内在的驱动力——动机。人们有了动机之后就要选择和寻找满足需要的目标，进而产生满足需要的行为。最后人们的需要得到满足后，紧张和不安就会消除，即激励状态解除。但随后会产生新的需要，从而导致新的行为，如此周而复始，这个反复的过程就是激励过程。

激励在管理中作用非常大。组织激励水平越高，员工积极性越高，工作效率也越高，因而管理的任务之一就是通过对员工的有效激励，使其行为与组织目标相一致，这一点对来自不同文化背景的员工而言显得尤为重要。

自 20 世纪 30 年代以来，管理学家、心理学家和社会学家们就从不同的角度研究了应怎样激励人的问题，并提出了许多激励理论。对这些理论可以从不同的角度进行归纳和分类，一般将诸多激励理论分为两类：内容型激励理论与过程型激励理论。

（一）内容型激励理论

内容型激励理论着重研究强化、引导或抑制个体行为的特定因素。一份有吸引力的工资、良好的工作条件以及友善的同事，对多数人而言是很重要的，而饥饿（对食品的需要）或者寻求一份稳定工作的意愿(对工作安全感的需要)，对激发人们树立奋斗的目标(努力赚钱购买食品或争取去收入稳定的公司任职）也同样是激励因素。

下面主要介绍四种获得广泛认可的内容型激励理论：马斯洛（Abraham H. Maslow）的需要层次论、奥尔德弗（Clayton Alderfer）的 ERG 理论、赫茨伯格（Frederick Herzberg）的双因素理论以及麦克利兰的成就激励论。

1. 需要层次论

需要层次论是最为人们所公认的激励理论。马斯洛在 1943 年提出了“需要层次论”，他认为人有一系列基本需要，这些需要处在不同的层次上而成为一个需要的系统。每一层次的需要下面是更基本的需要。

第一，当一个需要被满足之后，它的激励作用就会下降。随着一个需要被满足，另一个需要便会逐渐浮现并取而代之，因而人们始终处于追求满足需要的状态之中。

第二，需要体系对多数人而言是很复杂的，因为多个需要同时影响着个体的行为。显然，当个体面对突发事件，诸如极度的干渴，则对水的需要将占据主导优势，直至被满足。

第三，一般而言，只有当低层次的需要被满足之后，更高一层的需要才会被激活，并影响个体的行为。

第四，满足高层次需要比满足低层次需要的途径要多。

马斯洛的需要层次包括五种需要，如图 2-1 所示：

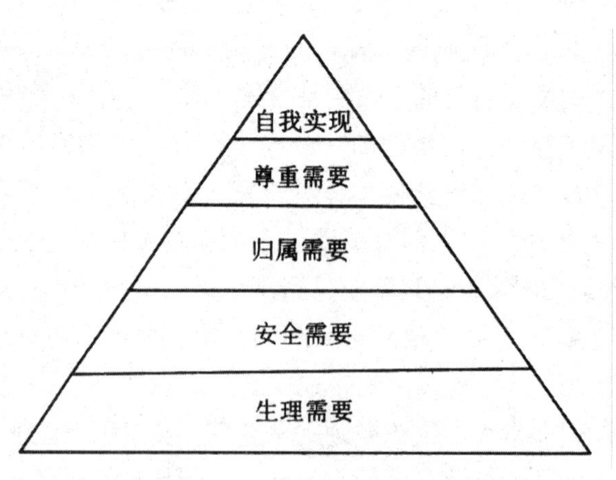

图 2-1　马斯洛的需求层次理论

生理需要是最基本的需要，这类需要得不到满足，其他需要无从谈起；一旦生理需要得到满足，安全需要便上升为第一位。这一过程是不断持续，按次序逐级上升的。当下一级的需要获得生理需求基本满足后，追求上一级的需要就成了驱动行为的动力，但这种上升并非指某种需要百分之百的满足后才发生的，大多数人在正常的情况下，他们的每个层次的需要都是部分得到满足，部分得不到满足。

（1）生理需要

这是马斯洛需要层次论中的最低层次的需要，是人类生存必须满足的最基本的需要，包括对食物、水、空气、睡眠、衣服等的需要。个体在进入更高层次的需要之前，主要集中于满足上述需要。例如当一个人同时存在缺乏食物、安全与爱情多种需要时，总是缺乏食物的饥饿需要占有最大优势。所以，作为管理者必须明白，当员工被生理需要所激励时，他并不关心工作本身，而会接受任何能满足上述需要的工作。

（2）安全需要

这是有关人类免除危险和威胁的需要，包括要求劳动安全、职业安全、生活稳定以及避免痛苦、灾难或疾病等。假使一个人的生理需要已基本上获得满足，接下来就会出现新的需要。每一个在现实生活中的人，都会产生安全感的欲望、自由的欲望、防御的实力欲望，并会采取行动来满足自己的安全需要。那些主要被安全需要所激励的个体，其对工作优劣的判断主要是以能否保障自身的基本需要作为标准。

相对而言，生理需要和安全需要属于人类的低级需要。在现代社会中，这些需要比其他需要更容易满足。现在组织提供的薪水和额外福利等物质报酬，通常用来满足生理和安全需要。

（3）归属需要

这是有关归属感和爱的需要。当生理与安全需要被满足之后，归属需要便会浮现。个体希望自己属于某个团体，希望与周围人有一定的交往，不愿被孤立。同时，又希望得到友爱、安慰和支持，希望在同事之间保持友谊与忠诚，希望得到关心和信任等。管理者应该认识到，当归属需要成为主要的激励来源时，员工们会把工作视为寻求建立温馨、友善的人际关系的契机。这种需要可以由在组织中发展有目的的人际关系和被群体接纳，以及对一个合作团体产生归属感或与工作群体融为一体来满足。

（4）尊重需要

社会中的人有这样一种愿望和需要，即自我尊重、自我评价以及尊重别人。

（5）自我实现需要

这是最高一级的需要，是一种运用个人的能力和兴趣在他的工作中使潜力得以最充分发挥的欲望。人们在努力发挥潜力的过程中，所追求的报酬是他们所想达到的成就，报酬不仅是经济上的或社会性的，也可以是心理上的。对这一层次需要的追求，正如马斯洛所指出的“能够实现他所希望能够成为的那样的人”。例如成功地唱一首歌、主持一次晚会、发表一席讲话，这些都是自我实现。注重自我实现的管理者会让员工们进行工作设计以发挥其一技之长，或者给予班组以自由安排工作任务的权力。

马斯洛的需要层次论认为各种行为有助于满足各种需要，如表 2-1 所示，列出了每一层次需要的一些具体内容。生理、安全与归属这三种低层次需要是基本需要，除非这三种需要都被满足，否则个体无论是在生理上还是心理上都无法成为一个健康的人；而尊重与自我实现需要则是成长需要，满足这两种需要有助于个体成为真正意义上的人。

表 2-1　需要的具体内容

生理需要	食物和水 睡眠 健康 身体需要 运动和休息	尊重的需要	赏识和声望 确立自信和领导权 自主和成就感 力量和智慧
安全需要	无人身威胁或危险 工作保证和安全 应有的保护 舒适和安宁 整齐和简洁的环境	自我实现的需要	潜力的实现 迎接挑战 求知欲 创造力和审美欣赏力 接受现实的能力
社交需要	接纳 归属感 获得社团成员的资格 爱和关心 社团活动的参与		

需要层次论对激励的意义是显而易见的。如果希望激励某人，就必须了解此人目前所处的需要层次，然后满足它；在物质丰富的条件下，低级需要已得到充分的满足时，高级层次的需要更具有激励性。

马斯洛对需要的分类得到了普遍的认可，一些后继的研究也证实了上述的基本观点。但是需要层次会伴随着文化的差异而发生变化。需要层次论是建立在美国文化价值观的基础之上的，而在丹麦、瑞典与挪威这些北欧国家中，高生活质量要比生产效率更为重要，因而归属需要则比自我实现与尊重需要更为强烈；在中国、日本与韩国这样一些强调集体主义与团队精神的国家里，归属感与安全感要比满足自我实现需要更为重要。

2.ERG 理论

ERG 理论是美国耶鲁大学的克雷顿 · 奥尔德弗于 1969 年提出的一种激励理论，该理论是对马斯洛需要层次的重组和对需要层次论的完善。奥尔德弗认为，人们共存在三种核心的需要，即生存(existence)的需要、相互关系(relatedness)的需要和成长发展(growth)的需要，因而这一理论被称为ERG理论。

第一，生存的需要与人们基本的物质生存需要有关，须通过食物、空气、水、工资、福利以及工作条件等加以满足。它包括马斯洛提出的生理和安全需要。

第二，相互关系的需要，即指人们对建立与保持重要和谐的人际关系（同事、上司、下属、朋友和家人）的要求。这种社会和地位的需要的满足是在与其他需要相互作用中达成的，它们与马斯洛的归属需要和尊重需要分类中的外在部分是相对应的。

第三，成长发展的需要，它表示个人谋求发展的内在愿望，包括马斯洛的自尊需要分类中的内在部分和自我实现层次中所包含的特征。

奥尔德弗关于需要的分类与马斯洛十分相近，但这两种理论在关于人们是如何满足不同需要的观点上存在着差异。马斯洛的需要层次是一种刚性的阶梯式上升结构，即认为较低层次的需要必须在较高层次的需要满足之前得到充分的满足，两者具有不可逆性：而ERG理论认为高层次需要的激发不一定要以低层次需要的满足为前提。例如，一个人的相互关系需要没有得到满足的时候，也可能为成长需要而工作。一个人可以有一个以上的需要同时存在；不仅没有满足的需要具有激励作用，而且在需要相对满足了以后，可能会更增加了对这种需要的程度。此外，ERG理论还提出了“挫折—退化”的思想，如果高层次的需要不能得到满足，那么低层次的需要会更强烈。可见，挫折将导致退化。

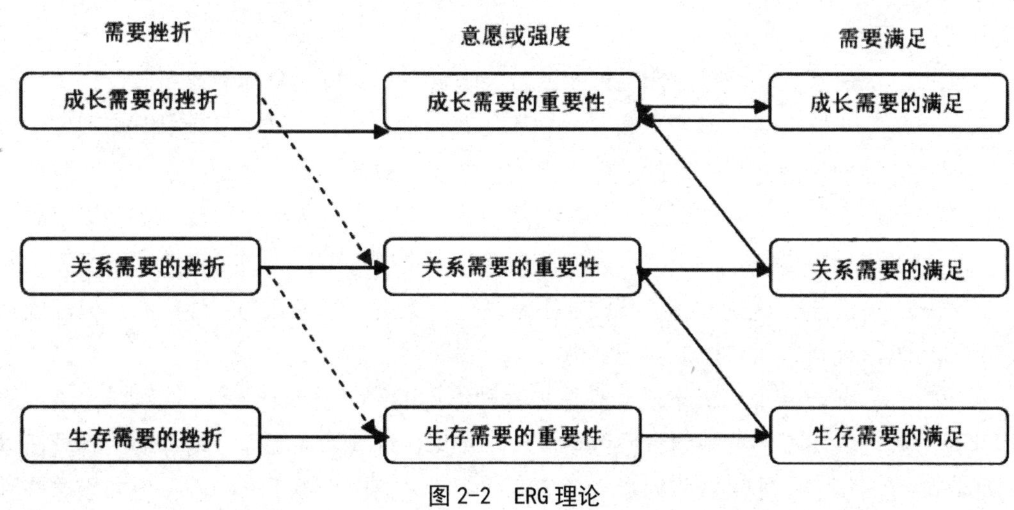

图2-2 ERG理论

如图2-2所示，便阐明了上述关系。图中的实线箭头表明了需要、意愿与满足需要这三者之间的直接关系，虚线箭头则表明当需要遭受挫折后所产生的情况。例如，当个体的成长需要因工作缺乏挑战性而遭受挫折时，其与同事之间相互关系和谐的重要性就会显现，因而那些导致个体成长需要挫折的行为（如完成日常工作）对其满足关系需要而言就会变得有意义。当个体满足关系需要的努力也遭受挫折时，人们就会通过暴饮暴食或药品以满足其生存需要。生存、关系与成长需要是共处于同一连续体之中，其中生存需要最具体，而成长需要则最抽象。当较抽象的需要未被满足时，人们就会转而寻求较具体的需要的满足。

由于 ERG 理论提出个体处于满足自身需要的激励状态，这就为管理者在具体应用中提供了一个重要视角，当下属的成长需要因工作关系或资源匮乏而遭受挫折时，管理者该怎么办？答案就是管理者应修正员工的行为，使之转向满足相互关系或生存需要。

3. 双因素理论

双因素理论是由美国心理学家弗雷德里克·赫茨伯格提出来的另一个影响深远的激励理论。由于该理论具有两项特征，因而成为最具争议性的激励理论之一。首先，它强调的是一部分工作因素引起满意感，而其他工作因素则是防止不满意感；其次，该理论认为对工作满意与不满意并非存在于同一连续体之上。

20 世纪 50 年代末期，赫茨伯格和他的助手们针对工作满意度与生产效率之间的关系，在美国匹兹堡地区对 200 名工程师、会计师进行了调查访问。访问主要围绕两个问题：在工作中，哪些事项是让他们感到满意的，并估计这种积极情绪持续多长时间；又有哪些事项是让他们感到不满意的，并估计这种消极情绪持续多长时间。赫茨伯格以对这些问题的回答为材料，着手研究哪些事情使人们在工作中快乐和满足，哪些事情造成不愉快和不满足。结果他发现，使职工感到满意的都是属于工作本身或工作内容方面的；使职工感到不满的都是属于工作环境或工作关系方面的。他把前者叫作激励因素，后者叫作保健因素。

第一，保健因素的满足对职工产生的效果类似卫生保健对身体健康所起的作用。保健从人的环境中消除有害于健康的事物，它不能直接提高健康水平，但有预防疾病的效果；它不是治疗性的，而是预防性的。保健因素包括公司政策、管理措施、监督、人际关系、物质工作条件、工资以及福利等。当这些因素恶化到人们认为可以接受的水平以下时，就会产生对工作的不满意。但是，当人们认为这些因素很好时，它只是消除了不满意，并不会导致积极的态度，这就形成了某种既不是满意，又不是不满意的中性状态。保健因素只起到维持工作现状和保持积极性的作用。

第二，那些能带来积极态度、满意和激励作用的因素就叫作“激励因素”，这是那些能满足个人自我实现需要的因素，包括成就、赏识、挑战性的工作、增加的工作责任以及成长和发展的机会。如果这些因素具备了，就能对人们产生更大的激励，但如果这些因素不具备或处理得不好，也可能引起不满，不过影响程度不如保健因素大。

基于调查结果，赫茨伯格还进一步指出满意的对立面并不是不满意，消除不满意的因素不一定使人们对工作满意并带来积极的结果。在满意—不满意连续体中实际上存在着两重关系，即“满意—没有满意”“没有不满意—不满意”。

双因素理论对管理者的价值在于，它提醒诸如工资福利等激励措施的作用是有一定限度的。管理者创造良好的工作外部环境和条件，可以消除不满意的情绪和态度，但是只满足于大家没有意见和相安无事，是不会充分发挥人的潜能，创造一流工作成绩的。在管理实践中，双因素理论直接导致了“工作扩大化”“工作丰富化”等组织再设计，使管理者把扩大工作范围、激发成就需要、安排富有挑战性的工作作为强有力的激励因素。另外，双因素理论还可以用于指导工资和奖金的管理，它认为金钱必须和绩效挂钩，如果两者没有联系，那么奖金再多也起不了激励作用，一旦停发或少发，则会造成不满。这样，工资和奖金就成了保健因素。

4. 成就激励论

马斯洛、奥尔德弗和赫茨伯格等人把人的多种需要划分为低级需要和高级需要，并强调高级需要的满足对现代人的激励性。而另一位心理学家麦克利兰则干脆把自己的注意力集中于人的高级需要上，主要研究在生理需要基本得到满足的前提条件下，人还有哪些需要。

美国哈佛大学心理学家戴维 · 麦克利兰（David Mc Clelland）认为在管理中理解激励很重要的三种需要是权力需要、社交需要与成就需要。

第一，权力需要（power need），是指施加影响和控制别人的行为的需要。

第二，社交需要（friendship need），是指建立友好、亲密的人际关系的需要。

第三，成就需要（achievement need），是指追求成功、实现目标的需要。

不同的人对这三种基本需要的排列层次和所占比重是不同的，个人行为主要决定于其中被环境激活的那些需要。如有些人有很高的成就需要，另一些人则有强烈的权力需要，还有人更渴望与他人的情谊。认识这一点很重要，因为有不同需要的人对工作有不同的要求。

麦克利兰通过广泛取样，尤其是企业家样本，对成就的激励机制进行了深入研究。他的成就激励论认为个体的激励水平取决于其追求卓越、力争成功的意愿强度。麦克利兰认为每个人都有成就动机，个体的成就动机的强烈程度与其童年经历、职业经历以及所在企业组织的风格相关。能够进行自我激励的高成就需要者具有以下三方面的主要特征：

第一，他们愿意为自己设立目标，总是力求有所建树。高成就需要者喜欢寻求挑战，通过选择奋斗目标以实现自身价值，他们对目标的设定是有选择性的，而不愿他人（包括上司)将目标强加于他们。在行动中，当目标是由自己所设定时，他们力争能够自我控制，并喜欢从能提供相关知识或技能的专家处寻求建议或帮助。高成就需要者为达到目标往往全力以赴，一旦成功，他们会要求荣誉；而一旦失败，他们则会接受责罚。例如，假设你面对这样两项选择，其一是掷骰子，赢的概率为三分之一；其二是在规定时间内解决一道难题，成功的概率也是三分之一，你会选择哪一项？高成就需要者会选择解难题，因为尽管掷骰子既省力、成功的概率又相同，但是高成就需要者不愿将自己交于命运或他人之手。

第二，高成就需要者不会选择高难度的目标，他们宁愿选择中等难度的目标，这样就既不会因为太容易而缺乏满足感，也不会因为太困难而全凭运气。高成就需要者会估计一下成功的可能性，然后选择一个难度适中的目标。掷圈游戏就能很好地说明这一点，在大多数狂欢节期间都有掷圈游戏，它要求参与者从一定距离之外向短桩掷圈以求套住。请设想一下，如果在该游戏中，人们被允许从任何距离进行掷圈的话，一些人将由近而远地随意掷圈，而那些高成就需要者则会仔细计算一下距离，力求自己所站的位置既能赢得奖品又具有挑战性。他们选择的距离将既非近得轻而易举，又非远得遥不可及，而是一个适中的距离以便尽展其所能。可见，高成就需要者通过人为设置困难以充分享受发挥自身潜能的乐趣。

第三，高成就需要者更喜欢能即时提供反馈信息的工作。因为目标对高成就需要者而言十分重要，所以他们喜欢知道自己做得如何，这就是高成就需要者为何经常选择专门职业、销售工作或者从事企事业经营的原因之一。高尔夫运动对大多数高成就需要者具有吸引力：打高尔夫时，能够将自己的分数与入洞标准、与自己以前的成绩、与对手的成绩进行比较，自己的表现将直接与反馈（分数）和目标（入洞）相关联。

当高成就需要者挑选难度大的工作时，他们并不是要争取地位或报酬，而仅仅是想做好这件事情，但当名利和金钱能表示事业成功时，他们也会去追求。

而高权力需要者一般寻求领导者的地位时，他们常常表现出健谈、坚强、直率、头脑冷静和好争辩的特点。高权力需要者喜欢承担责任，喜欢竞争性的工作和处于被重视的环境中。与喜欢工作绩效的高成就需要者相比，他们更关心个人在群体中的威望和对他人的影响力。

高社会需要者通常有强烈的归属感和被他人喜欢的愿望，他们从友爱、情谊、合作中得到欢乐和满足。他们喜欢保持一种融洽的人际关系，喜欢合作性而非竞争性的工作环境，并渴望在工作场所中有高度相互理解的关系。

在麦克利兰的理论中，成就需要的研究占据很突出的位置。他认为具有成就需要的人对企业和国家具有重要作用。成就需要理论的激励意义在于：它把成就需要看作是成功的、有高度积极性的工作者的个性特征之一。成就需要激励着他们出色地完成自己所承担的每一项任务，雇用他们的组织似乎不必再施加激励因素，因为已经有了现成的激励因素。但是这些组织必须提供能使成就需要得以满足的工作条件。如果成就需要不能得到满足，这些人就会不愉快、不满意和没有工作效率。该理论的另一个实践意义是：如果工作需要高成就需要者完成，管理者可以选拔这一类型的人，也可以通过培训来开发员工的成就动机。

内容型激励理论阐述了引发激励过程的特定的相关因素，然而这类理论未阐明人们选择某一特定行为以实现其目标任务的原因何在，而这正是过程型激励理论所要解决的问题。

（二）过程型激励理论

过程型激励理论是着眼于论述与分析个人因素（内部的）是如何由需要引起动机，由动机引发行为，由目标导引行为，最终实现目标的过程的。本节主要介绍期望理论与公平理论。

1. 期望理论

期望理论是维克托 · 弗鲁姆（Victor H.Vroom）提出的。期望理论认为，人之所以努力工作，是因为他觉得这种工作行为可以达到某种结果，而这种结果能满足自己某方面的需要。某一活动对某人的激励力量取决于他所能得到结果的全部预期价值乘以他认为达成该结果的期望概率。用公式可以表示为:

$$M = V \times E$$

公式中，M 表示激励力量，这是指调动一个人的积极性，激发出人的潜力的强度；V 表示目标效价，指达到目标后对满足个人需要价值的大小；E 表示期望值，这是指根据以往的经验进行的主观判断，达到目标并能导致某种结果的概率。

弗鲁姆的期望理论提出了在进行激励时要处理好三方面的关系，这些也是调动工作积极性的三个条件。

（1）努力与绩效的关系

人们总是希望通过一定的努力达到预期的目标，如果个人主观认为达到目标的概率很高，就会有信心，并激发出很强的工作力量；反之如果他认为目标太高，通过努力也不会有很好绩效时，就失去了内在的动力，导致工作消极。

（2）绩效与奖励的关系

人总是希望取得成绩后能够得到奖励，当然这个奖励也是综合的，既包括物质上的，也包括精神上的。如果他认为取得绩效后能得到合理的奖励，就可能产生工作热情，否则就可能没有积极性。

（3）奖励与满足个人需要的关系

人总是希望自己所获得的奖励能满足自己某方面的需要。然而由于人们在年龄、性别、资历、社会地位和经济条件等方面都存在着差异，他们对各种要求得到满足的程度就不同。因此，对不同的人，采用同一种奖励办法能满足的需要程度不同，能激发出的工作动力也就不同。

用这一理论指导激励，管理者首先必须认识到每个员工都有自己的信念，他们是能够思想、尊重理性和有预见能力的个体。其次，在分析激励因素时，管理者必须考察员工希望从组织中获得什么，他们对自己又是如何评价的，从而吸引和雇用那些看重公司所提供的报酬的人。再次，根据员工的个人需要设置奖励，也是期望理论所强调的。在实践中使组织奖励个人化是比较困难的，但管理人员绝不可错误地认为，所有员工都期望得到同样的东西。最后，努力与工作绩效的关系、绩效与组织奖励的关系要明确，使员工对什么样的努力能得到什么样的报酬一清二楚，组织奖励的兑现要公正、及时，避免员工对这些关系的认知存在偏差。

2. 公平理论

寻求公平是人们普遍存在的社会心理倾向，人们在组织中常常以报酬的分配判断自己是否受到公平对待。亚当·斯密的公平理论就描述了在工作场所里这种常见的现象，并研究了薪资报酬方面的不公平感对员工工作态度的影响。

公平理论认为，当一个人做出了成绩并取得了报酬以后，他不仅关心自己所得报酬的绝对量，而且关心自己所得报酬的相对量。因此，他要进行种种比较来确定自己所获报酬是否合理，比较的结果将直接影响今后工作的积极性。

公平理论对管理的意义是显而易见的。首先，影响激励效果的不仅有报酬的绝对值，还有报酬的相 对值。其次，激励时应力求公平，尽管有主观判断的误差，也不会造成严重的不公平感。再次，在激励过程中应注意对被激励者公平心理的引导，使其树立正确的公平观，一是要认识到绝对的公平是不存在的；二是不要盲目攀比；三是不要按酬付劳。

激励管理已被广泛地运用于人力资源管理中，如绩效考评、薪酬管理等都是管理者对激励理论的综合灵活运用。在人力资源管理中如能结合本企业的特点，正确合理地使用激励理论，不仅能满足员工的积极性，而且还能调动其积极性，提高整个企业的效益。

三、人本管理理论

（一）人本管理概述

1. 人本管理的含义

人本管理，是以人为本的管理。它把人视作管理的主要对象和企业最重要的资源，尊重个人价值，全面开发人力资源，通过企业文化建设，培育全体员工共同的价值观，运用各种激励手段，充分调动和发挥人的积极性和创造性，引导全体员工去实现企业的经营目标，依靠全体员工的共同努力促进企业的不断发展。

人本管理，是以人为中心的管理，它与“以物为中心”的管理相对立，改变了传统管理中把人与资金、设备同等看待的思想，强调员工不仅可以享有通过劳动获得报酬的满足感，而且应该享有参与管理、施展才干、得到尊重并获得荣誉的自我实现感。但它并不是放松对企业物质方面的管理，而是把对人的管理和对物的管理有机地结合起来。实现企业目标，要依靠全体员工的智慧和努力。

企业最重要的资源是人，所以管理最核心的任务之一，就是充分调动员工的积极性和创造性。许多日本企业家深刻体会到，企业家必须善于做好人的工作，培养各方面人才，提高员工的积极性。发挥全体员工的能力和积极性，是企业家永恒的主题。

2. 人本管理的意义

（1）人是生产力中最活跃的因素

在生产力诸因素中，资金、技术、信息以及自然资源固然都很重要，但人无疑是最重要的因素，因为唯有人才能将上述要素结合起来，转化成现实的生产力，并决定生产力的大小。同样，在企业中的人、财、物和信息诸要素中，人仍然是关键的因素，是企业发展的原动力。无论科学技术何等发达，企业生产经营何等复杂，终究还是要靠人，靠人的体力和智慧。

（2）企业是为人的需要进行生产的

有人将以人为本的思想表述为“3P理论”，即企业是以人为主体组成的（of the people），企业是依靠人进行生产经营活动的（by the people），企业是为人的需要进行生产的（for the people）。企业努力满足投资者、经营者和劳动者的不同需要，否则无法调动他们的积极性。

（3）人本管理是现代企业生产的要求

现代社会科学技术不断发展，单纯的体力劳动相对地日益减少，人的想象力、创造力已成为企业发展的关键因素；员工的文化教育水平及劳动方式发生了很大变化，员工对工作过程的自我控制能力也大大加强；单靠物质的奖励来激励，已变得越来越不适宜，个人的物质需求在相应减少，而精神需求在迅速增长。因此，只有实行以人为中心的管理，调动员工的主观能动性，才能有效地提高企业的生产效率。

（4）人本管理是人力资本增值的需要

当今时代，国家与国家之间的综合实力比较，主要考虑三方面：①自然资本；②创造资本；③人力资本。人才竞争已成为21世纪国家之间竞争的关键。企业也是如此，人力资源是企业的无形资产。人本管理十分重视人力资源的开发利用，强调员工的教育和培训。企业的员工素质高，可以弥补其他资源的不足，利用科学技术及管理的优势也能获得较快的发展。

（二）人本管理的层次

人本管理在企业生产经营实践中呈现出多种形态，这些形态可以划分为五个层次，即情感管理、民主管理、自主管理、人才管理和文化管理。

1. 情感管理

情感管理，即管理者通过与被管理者的情感交流实现有效的管理。其核心是激发员工的积极性，消除员工的消极情绪。由于企业各个层次的员工都有情感需要，因此，情感管理是人本管理的最低层次。

自20世纪80年代以来，开始流行“走动式管理”，即企业的领导者走出办公室，经常深入生产现场，与企业的各层次、各种类型的人员接触、交谈，以加强上下级的情感沟通，建立融洽关系，从而了解问题、征求意见，贯彻实施企业的战略意图。人的一个致命的“弱点”是“怕”受尊重，一尊重就有积极性。

2. 民主管理

员工的情感需要得到满足以后，绝大多数员工会产生参与管理的需要。因此，在情感管理的基础上实行民主管理，会进一步提高劳动生产效率。

民主管理的基本形式是职工代表大会，在我国，员工的民主管理权利是通过企业工会实现的。但目前许多企业的工会只限于为员工发放生活福利和组织文娱体育活动，无法体现员工的民主管理权利。企业必须改革工会体制，把工会的工作放在民主管理上。企业实行民主管理，让全体员工共同参与管理活动，一方面可集思广益，使管理工作更加科学有效；另一方面也可极大地满足员工的尊重需要和自我实现的需要，从而调动全体员工的积极性，有利于共同参与决策并贯彻执行。因此，民主管理是实行人本管理的重要方面。

3. 自主管理

自主管理是员工根据企业的发展战略和目标，自主制订计划、实施控制和实现目标，即"自己管理自己"。它可以把个人意志与企业的统一意志结合起来。同时，自主管理可以激发各级人员自觉学习科学技术和管理知识的主动性，提高自身素质，培养出一批优秀的人才。"信任型"管理方式就是一种典型的自主管理方式。它不单凭职务权威和形式上的尊严去领导下级，而是靠信任来实现领导，靠指导来进行管理。

4. 人才管理

人力资源是企业最重要的资源，人才管理是人本管理的重要内容。人才管理的基本任务在于发现人才、培养人才和合理使用人才。而要做到这些，领导者就必须掌握人才管理的基本规律。有效地进行人才管理，首先需要树立正确的人才观。人才是指脱离低级趣味、德才兼备和具有一定特长的人。人才有不同层次，但绝无尊卑之分。只要是能完成岗位工作的人，都可以称为人才，他们分布在各个不同岗位上，共同推动企业的发展。企业领导者应善于给人才压担子，并为他们提供成长的梯子。人无完人，特别是人才，往往缺点也很明显。企业领导对待人才不能求全责备，应用人所长，容人所短。有了正确的人才观，才能真正实现人尽其才、才尽其用，使每个人的能量都充分发挥出来。

5. 文化管理

从情感管理到文化管理，人本管理依次向纵深方向推进。文化是人的主观意识对客观存在的一种反映。任何一个企业都有自己的文化，优秀的企业文化对一个企业所起的作用是巨大的。

企业文化既要有共性，又要有鲜明的企业个性。"团结、求实、创新、进取"被许多企业视为自己的企业精神，这是企业文化共性的一种反映。由于不同企业所处的环境和条件不同，要解决的矛盾各异，因此企业文化又具有本企业的特色。如鞍钢的"两参一改三结合"，即以鲜明的个性闻名于世。企业文化的共性与个性是辩证统一的关系，共性寓于个性之中，个性可以转化为共性。

文化管理是人本管理的最高层次。企业应通过建设富有特色的强有力的企业文化，实现对人的最有效的管理。

人本管理的五个层次是相互联系、辩证统一的，前一个层次是后一个层次的基础，后一个层次是前一个层次的发展。人本管理一般应从最低层次开始，逐渐向高层次发展，才能收到好的效果。但也可以从高的层次开始，在高层次管理中蕴藏着低层次的管理。不管从哪里开始，都要从企业的实际出发，实事求是地进行探索。

（三）人本管理的基本内容

人是生产经营要素中最重要的组成部分，是企业之本。尽管在科学技术高度发展的今天，企业的技术装备、资金和信息等要素具有十分重要的地位，但根本上仍取决于人的因素。企业对人的管理工作内容十分丰富。

1. 人的管理第一

企业管理，从管理对象上看，分为人、物及信息，于是企业管理就具有了社会属性和自然属性两种性质。应该看到企业不是物的堆积，而是人工的集合，是由以营利为目的而构筑的经济性组织。企业的营利目的是通过对人的管理，进而支配物质资源的配置来达到的。基于这种考虑，企业管理就必然是也应该是人本管理以及对人本管理的演绎和具体化。调动企业人创造财富和营利的主动性、积极性和创造性，就是把提高人力资源作为一种生产要素的使用效率来描述人本管理的本质和最终意义。

2. 以激励为主要方式

激励是指管理者针对下属的需要，采取外部诱因进行刺激，并使之内化为按照管理要求自觉行动的过程。

激励是一个领导行为的过程，它主要是激发人的动机，使人产生一种内在动力，朝着所期望的目标前进的活动过程。未满足的需要，才会引起动机，所以它是激励的起点。激励必须是领导者利用某种外部诱因，刺激人的未满足的需要。这是因为管理上需要的动机和行为并不是建立在自发基础上的。需要的是人对客观事物的需求，同时更需要诱发人的潜在的需要，一旦潜在的需要变成现实的需要，就会引起动机。人的需要有精神和物质之分，因此外部诱因也应有物质的和精神的，应该用不同的诱因刺激人们相应的需要。所以说，激励的实现，必须使全部诱因内化为个人的自觉行为。激励的目的是激发人们按照管理要求，按目标要求行事。

3. 建立和谐的人际关系

人们在一定的社会中生产、生活，就必然要同其他人结成一定的关系，任何人不可能独立于社会之外。不同的人际关系会引起不同的情感体验。

（1）人际关系在企业管理中的作用

人际关系会影响到组织的凝聚力、工作效率、人的身心健康和个体行为。

（2）企业管理和谐目标的三个层次的含义

实行人本管理，建立尽量减少矛盾和冲突的相对和谐的人际关系，达成企业成员之间的目标一致性，实现企业成员之间的目标相容性，以形成目标期望的相容性，从而建立和维持和谐关系。

4. 积极开发人力资源

要理解人力资源开发的含义，应关注到人力资源开发是组织和个人发展的过程，其重点是提高人的能力，核心是开发人的潜能，所以说，人力资源开发是一个系统工程。它贯穿于人力资源发展过程的始终，其预测规划、教育培训、配置使用、考核评价、激励和维护，都是人力资源开发系统中不可缺少的环节。

企业从事生产经营活动，需要具备两个基本的条件：一是占有资金：二是拥有掌握专业技能从事管理和操作的人员。两者之间，人的因素更为重要。人力资源的核心问题，是开发人的智力，提高劳动者的素质。所以说，制定和实施人才战略，是企业实现发展战略的客观要求，是现代企业人才发展规律的内在要求，也是发展现代科学知识和教育的客观要求和发展趋势。

5. 培育和发挥团队精神

能否培育团队精神，把企业建成一个战斗力很强的集体，受诸因素的影响，需要有系统配套的措施。

（1）明确合理的经营目标

要在目标的认同上凝聚在一起，形成坚强的团队，以激励人们团结奋进。因此，要有导向明确、科学合理的目标，把经营目标、战略和经营观念，融于每个员工的头脑中，成为员工的共识。为此，必须把目标进行分解，使每一部门、每一个人都知道自己承担的责任和应做出的贡献，把每一部门、每一个人的工作与企业总目标紧密结合在一起。

（2）增强领导者自身的影响力

领导是组织的核心，一个富有魅力和威望的领导者，自然会把全体员工紧紧团结在自己的周围。领导者的威望取决于他的人格、品德和思想修养，取决于他的知识、经验、胆略、才干和能力，取决于他是否严于律己、率先垂范、以身作则以及全身心地投入工作中去，更取决于他能否公平、公正地待人，与员工同甘共苦、同舟共济等。

（3）建立系统科学的管理制度

这样，才能使管理工作和人的行为制度化、规范化和程序化，这是生产经营活动协调、有序、高效运行的重要保证。

（4）良好的沟通和协调

沟通主要是通过信息和思想上的交流达到认识上的一致，协调是取得行动的一致，两者都是形成集体和谐的必要条件。

（5）强化激励，形成利益共同体

即通过有效的物质激励体系，形成一种荣辱与共、休戚相关的企业命运共同体。

（6）引导全体员工参与管理

企业要能够吸引每一个员工直接参与各种管理活动，使全体员工不仅贡献劳动，而且还贡献智慧，直接为企业发展出谋划策。

第二节　人力资源规划的任务

一、人力资源规划的概念

人力资源规划是在企业发展战略和经营规划的指导下，科学预测组织在未来环境变化中人力资源的供给与需求状况，制定必要政策和措施，以保证组织在特定的时间和岗位上获得适当数量、质量和种类的人才，使组织和个人获得长远的利益。

人力资源规划的这个定义包含四个含义:

第一，人力资源规划要以企业的企业发展战略和经营规划为依据。它是满足企业发展战略对人力资源的数量与质量的要求。当企业的战略目标变化或调整时，人力资源规划也随之变化。如今，组织战略目标与人力资源规划之间的关系越来越紧密，所有经营问题都有人的因素，所有人力资源问题都有经营的因素。

第二，人力资源规划是建立在未来环境变化的分析和预测基础上，以确保组织在近期、中期和长期的对人力资源的需求。影响企业人力资源规划的主要因素有人口结构的变化、经济发展状况、科学技术的变化、法律法规的变化、企业发展阶段的转移等，这些变化使得企业的战略目标也处于不断变化与调整之中，这势必引起组织内外人力资源供需的变化。

第三，人力资源规划的目的是确保企业在需要的时间和需要的岗位上获得各种需要的人才，它包括人力资源的数量和质量两个指标。企业对人力资源的需求，数量只是一方面，更重要的是保证质量，供给和需求不仅要在数量上平衡，而且要在结构上平衡，忽视了后者，人力资源规划的意义将大大减少。

第四，人力资源规划的最终目标是要使组织和个人都得到长期的利益。组织的人力资源规划要为组织获取合格的人才，也要为合格的人才匹配合适的岗位，即做到“人职匹配”。所以，组织的人力资源规划还要创造条件，充分发挥组织中每个人的主观能动性，以便提高自己的工作效率，提高组织的效率，使组织的目标得以实现。与此同时，也要切实关心组织中每个人在物质、精神和业务发展等方面的需求，并帮助他们在实现组织目标的同时实现个人的目标。这两者兼顾，否则就无法吸引、招聘到组织所需要的人才，也难留住本组织内已有的人才。

二、人力资源规划的作用

企业希望通过劳动力市场来提高竞争能力，获得竞争优势，就必须做到“知己知彼”：其一，要了解自己现有的人力资源状况，即自己在人力资源的数量与质量方面的优势与劣势；其二，要了解企业的战略和发展规划，了解企业现阶段对人力资源的实际需求以及未来一段时间内的人力资源可能的需求；其三，了解外部人力资源供需的状况及其变化趋势。基于以上的基础，确定企业在未来一段时间内对人力资源的数量、质量、结构的规划。它包括如何补充人力资源不足，如何防止未来人力资源的短缺和过剩，如何提高劳动力的素质，如何为企业的发展储备必需的人才等。可见，人力资源规划不仅在组织的人力资源管理活动中具有先导性和战略性，而且在实施组织的总体战略中具有核心地位。人力资源规划的作用具体表现在：

（一）人力资源规划是各项人力资源管理实践的起点和重要依据

人力资源规划作为人力管理的出发点，是任何一个人力资源规管理方案得以成功实施的首要步骤之一。在组织的人力资源管理活动中，人力资源规划不仅具有先导性和战略性，而且在实施组织目标和规划的过程中，还能不断调整人力资源管理的政策和措施，指导人力资源管理活动，是其他各项人力资源管理活动的纽带。

（二）人力资源规划能加强组织对环境变化的适应能力

环境变化决定了组织的人力资源需求也是不断变化的。俗话说：“人无远虑，必有近忧。”一个组织如果不预测并提前准备好其各个发展阶段所需的人力资源，则必然会出现企业所需人员的短缺。如果短缺普通员工，那可以通过临时招聘和短期培训获得；但如果短缺的是高技能员工，那就必须依赖人力资源规划。人力资源规划一项基本职能就是预测供求差异并予以调整，它的重要作用在于可以从一个更长远的视角来观察，做到未雨绸缪，在变化发生之前就可以制定应变措施。

（三）人力资源规划有助力于调动员工的积极性

人力资源规划展示了组织内未来的发展机会，充分考虑了企业员工职业生涯的发展，这就使企业员工对可以得到满足的需求和满足的水平做到心中有数。借助合理的人力资源规划，员工能有更多机会预见到自己的职业发展前景，能有更多机会参加有利于提升自身素质和能力的培训。这样往往会使企业员工的工作满意度增加，从而降低员工的缺勤率和流动率，员工会更努力工作，在工作中表现出主动性与创造性；否则，在职工前途和利益未知的情况下，有能力的人员就会另谋高就，从而削弱组织的实力，影响组织的士气。

（四）人力资源规划有助于控制人工成本

人力资源规划对预测中、长期的人工成本具有重要作用。人工成本最大支出是员工的工资，工资总额很大程度上取决于组织中人员的数量和结构分布情况。人力资源规划可以对组织现有的人员结构进行深入分析，找出影响人力资源有效运作的关键因素，做好人员接替计划和人员计划，减少因此产生的不必要的用人成本，把用人成本控制在合理支付范围内。

三、人力资源规划的目标

人力资源规划的总目标是：确保企业各类工作岗位在适当的时机，获得适当的人员（包括数量、质量、层次和结构等），实现人力资源的最佳配置，最大限度地开发和利用人力资源潜力，有效地激励员工，保持智力资本竞争的优势。具体的有 5 个主要目标（见图 2-3）。

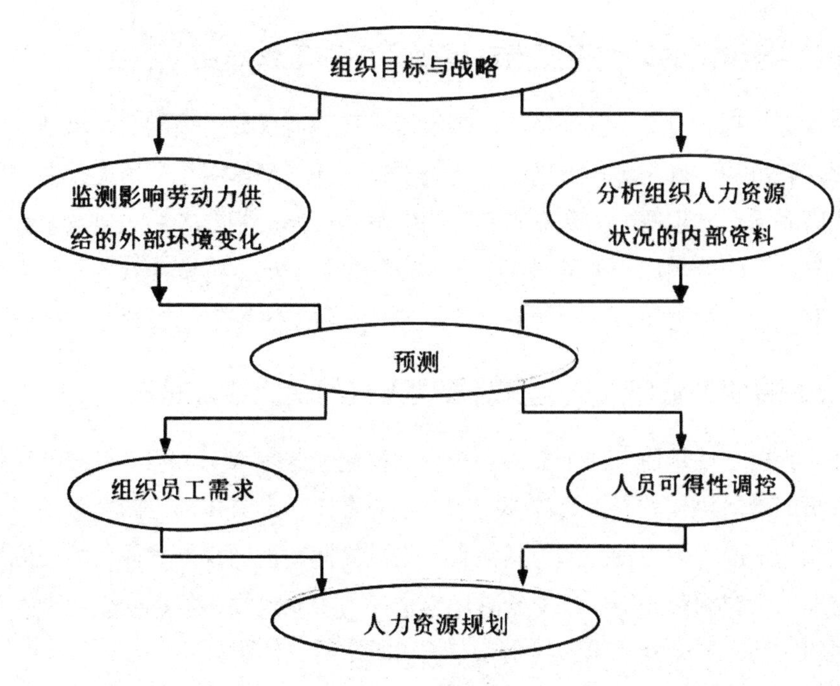

图 2-3　人力资源规划框架图

（一）防止人员配置过剩或不足

如果拥有过多的员工，组织就会因工资成本过高而损失经营效益；如果员工过少，又会由于组织不能满足现有顾客需求而导致销售收入降低。而且由于人员配置不足而不能满足市场对现有产品或服务需求，还会导致未来顾客的流失，将潜在的顾客推到竞争对手那里。人力资源规划不仅有助于保证组织经营效益的提高，而且有助于及时满足顾客需求。

（二）保证组织在适当时间、地点有适当数量的且具有必备技能的员工

组织必须从技能、工作习惯、个性特征、招募时间等方面预计其所需要的员工类型，这样才能招聘到最适宜的员工。在此基础上，对他们进行充分的培训，才能使员工在组织需要的时候产生最高的工作绩效。

（三）确保组织对外部环境变化做出及时并且适当的反应

人力资源规划在客观上要求决策者全面考虑外部环境中各个相关领域里的各类情形，例如，市场经济可能增长或继续停滞或收缩；本行业可能保持现状，或竞争变得更加激烈或竞争态势趋缓；政府规制约束可能不变或放松，或变得更加严厉；税率和利息率的提高、降低或维持不变。人力资源规划促使组织对外部环境状态进行思索和评估，预测可能的变化，而不是对某种情况的出现做出被动反应，这将使组织总能比竞争对手先行一步。

（四）为组织的人力资源活动提供方向和工作思路

人力资源规划一方面为其他各种人力资源管理职能（如人员配置、培训与开发、工作绩效测评、薪酬等）确定工作方向；另一方面，它还能确保组织采用比较系统的观点看待人力资源管理活动，理解人力资源管理和组织战略之间的相互关系，以及某一个职能领域的变化对另一个职能领域产生的影响。例如，一个科学的人力资源规划能够确保对员工进行培训与对员工进行工作绩效测评的一致，并且在薪酬决定中也特别考虑这些因素。

（五）将业务管理人员与职能管理人员的观点结合起来

虽然人力资源规划通常由企业人力资源部发起和进行编制，但它也需要组织中其他部门管理人员的参与协作。人力资源部的领导未必会比一个具体部门的负责人更了解其所负责那个领域的情况。人力资源部与其他管理人员之间的沟通，是确保人力资源规划质量的基础。企业人力资源部必须安排业务管理人员参与规划过程，但在安排他们参与人力资源规划过程的时候，要充分考虑到其业务专长和既定的工作职责。

第三节　人力资源规划的制订

一、人力资源规划的内容

广义人力资源规划的内容很多，按照规划的时间跨度来划分，可分为长期规划、中期规划和短期规划。长期规划一般是对未来 5 ～ 10 年或更长的战略性计划，如果是 10 年以上的规划只能是一种远景蓝图的设想，难有指导意义。中期规划一般是指对未来 3 ～ 5 年的人力资源规划；短期规划一般是指对未来 3 年的规划，是较为具体的执行计划，是中长期规划的贯彻和落实。

按照人力资源规划的适用范围来分，可分为企业人力资源整体规划和部门人力资源规划。

按照组织的人力资源的内容来分，可分为总体规划（战略性规划人力资源规划）和具体规划（战术性规划人力资源规划）。人力资源总体规划是指一定时期内人力资源管理的总原则、总方针、总目标和总体预算安排等。具体规划主要是指人力资源的业务计划，它包括人员的配备计划、人员晋升和补充计划、人员使用计划、人员退休解聘计划、培训开发计划、职业计划、薪酬福利计划、劳动关系计划、风险应对计划等。

人力资源规划大体上包括以下内容：

（一）总体规划（总则）

说明制订人力资源规划的意义和作用，规划的期限、范围，并阐述规划的总目标、总原则、总指导思想及总的方针政策等。

（二）人员的配备计划

根据企业中长期的目标、劳动生产率、技术设备工艺要求等状况确立相应的不同职务、部门或工作类型的人员的分布，通过企业人员的内部流动或岗位设计实现企业内部人员的高效率配置。

（三）人员晋升和补充计划

晋升计划实质上是组织晋升政策的一种表达方式。晋升计划的目的是最大限度地实现人与工作的最佳匹配，使中长期内岗位空缺能从质量和数量上得到合理的补充。从员工个人角度来看，有计划的提升满足自我实现的需要。人员补充计划一般是指从外部招聘合适的人员补充内部人员的岗位、数量和要求。人员补充计划要具体指出各种各类人员所需的经验、培训、年龄等要求，提出招聘的途径和方法等。

（四）人员使用计划

指的是企业制定人员晋升政策，规定人员晋升时间；发布轮换工作的岗位情况、人员要求情况及轮换时间。

（五）人员退休解聘计划

包括企业人员的自然更替、富余人员处理和安置（提前退休、解雇等）等情况的估计和计划、措施和办法。这是建立组织内部的退出机制，旨在解决人员冗余问题。

（六）培训开发计划

培训开发的是为企业中长期所需的职位空缺，事先准备人员和提高在职人员的素质。确定规划期内拟培训的目标、内容、人员对象、模式、方法及培训费用的投入等培训计划的内容包括企业培训政策、培训需求、培训内容、培训方式、培训评估等。

（七）职业计划

指的是根据企业发展的需要，专门制订骨干人员的使用和培养方案。

（八）薪酬福利计划

包括个人及部门的绩效标准、衡量方法；薪酬结构、工资总额、工资关系、福利项目以及绩效与薪酬的对应关系等。

（九）劳动关系计划

包括减少和预防劳动争议，改进劳动关系的目标和措施等。

（十）风险应对计划

当人力资源规划遇到可能的障碍时，如招聘不到所需人员，员工内部晋升无法达到要求，解退员工遇到政策等情况，为了事件给企业带来的损失减到最小，必须有预案准备，防患于未然。

表 2-2　人力资源规划的项目

计划项目	主要内容	预算内容
总体规划	人力资源管理的总目标和配套政策	预算总额
配备计划	中长期不同职务、部门或工作类型的人员分布情况	人员总体规模变化而引起的费用变化
晋升和补充计划	需要晋升和补充人员的岗位、补充人员的数量、对人员的要求	招募、选拔费用
人员使用计划	人员晋升政策，晋升时间；轮换工作的岗位情况、人员情况、轮换时间	职位变化引起的薪酬福利等支出的变化
退休解聘计划	因各种原因离职的人员情况及其所在岗位情况	安置费
培训开发计划	培训对象、目的、内容、时间、地点、教员等	培训总投入、脱产人员工资及脱产损失
职业计划	骨干人员的使用和培养方案	专项培养经费
薪酬福利计划	个人及部门的绩效标准、衡量方法；薪酬结构、工资总额、工资关系、福利项目以及绩效与薪酬的对应关系等	薪酬福利的变动额
风险应对计划	风险预防方案	风险保证金
计划项目	主要内容	预算内容
劳动关系计划	减少和预防劳动争议，改进劳动关系的目标和措施	诉讼费用及可能的赔偿

二、人力资源规划的程序

人力资源规划是一项科学化、系统化的工程，一般有四个基本步骤：

（一）准备阶段

准备阶段的工作主要是信息收集。做好企业人力资源规划，就必须充分占有相关的信息，并对这些信息进行了解和分析，主要包括三方面的内容：

1. 企业的内部环境信息

企业的内部环境信息有两大类：①组织环境的信息，企业的经营战略目标、战术计划、行动方案、本企业各部门的计划；②管理环境的信息：企业的管理风格、企业文化、组织结构、人力资源政策等。

2. 企业的外部环境信息

企业的外部环境信息主要包括宏观经济形势和行业经济形势、技术的发展情况、行业的竞争性、劳动力市场、人口和社会发展趋势、政府的有关政策等。

3. 企业现有人力资源信息

主要是对企业现有人力资源的数量、质量、结构和潜力等方面进行“盘点”，并对各个部门、各个职位、不同层级的人员状况进行分析，找出企业人力资源的优势和劣势，确定现有人力资源与组织实现战略目标所需人力资源之间的差距，为人力资源规划下一步工作做好准备。

（二）预测阶段

这一阶段是人力资源规划中最重要、最有难度的一部分。在充分掌握信息并认真分析信息的基础上，选择合适有效的方法，对未来某一个时期的人力资源供给和需求进行预测。预测的准确性，直接决定着整个人力资源规划的质量和可行性。

1. 预测人力资源需求

该项的主要工作是对企业现有的职位进行分析，收集相关信息，包括组织现有以及将来要有的职位信息，并详细规定任职者必需的技能、职责以及评价绩效的标准；还要了解职位与整个组织结构的关系和组织需要该岗位的时间。从而较为准确预测出在未来的时期所需要人力资源的数量、质量、结构。

2. 预测人力资源供给

人力资源供给预测，首先应从组织内部人力资源供给情况和人员的变动情况进行预测，其次预测组织外部的人力资源供给，包括可以从劳动力市场获得的一定数量和质量的人员和劳动力成本的估算。

3. 制定人力资源供求平衡政策

企业的人力资源供需失衡是经常的、必然的现象，人力资源供需的失衡既可能表现在数量、质量方面，也能表现在人员结构方面，这就需要采取合适的平衡措施来解决人力资源供需矛盾。如果人力资源供大于求，应采取是减少临时工数量、实行工作分担制、提前退休，鼓励离职、解雇等；如果人力资源供不应求，可以采取的措施有招聘新员工，临时聘请钟点工，加班加点、晋升、外包、工作再设计等。

（三）制定和实施阶段

在供给和需求预测完成后，对两者的预测结果进行比较，根据人力资源战略、组织目标，制订并实施人力资源规划。主要包括人力资源管理目标的制定、人力资源管理政策的制定、人力资源内容制定三方面。

人力资源规划的价值在于实施。人力资源规划的实施是一个动态的过程，应及时规划进行审核、执行、控制等方面。

1. 审核

审核是人力资源规划的质量、水平和可行性进行的评价工作，是规划制订的一项工作内容。审核工作一般由一个专门的委员会来进行，也可以由人力资源管理部门会同有关部门经理和专家进行。

2. 执行

执行就是落实规划的内容和要求。执行过程要做好各项准备工作，按照一切指标、均衡有序地完成规划。

3. 控制

执行的过程需要有效的控制，控制手段是检查、监督和纠正偏差。控制的对象涉及人力资源管理的方方面面，包括人员、预算、进度、信息等。控制的目的在于保证规划的各项具体活动和工作顺利完成，并对规划本身进行有效的调整和修正，以改进和推动企业的人力资源管理。

（四）评估和反馈阶段

企业将人力资源的总规划和各项子规划付诸实施后，要根据实施的结果对人力资源规划的各个环节进行评估，总结出现的问题，将评估结果反馈给相应部门和人员，以修正人力资源规划。评估人力资源规划既是对前期人力资源工作的总结，同时也为以后人力资源规划的制订和实施留下宝贵的修改意见。

三、人力资源规划的编写

（一）人力资源总体规划的编写

1. 总体规划的内容

（1）与组织的总体规划或战略规划有关的人力资源规划目标、任务的说明。

（2）有关人力资源管理的各项政策策略及其相关说明。

（3）规划期内组织内部人力资源需求供给预测，外部人力资源情况与预测。

（4）人力资源净需求。人力资源净需求可在人力资源需求预测和人力资源内部供给预测的基础上求得，此外，还应考虑到新进人员的消耗。

（5）确定人力资源供求平衡政策。即制订各种具体的规划，保证各规划时间点上人员供求的一致，主要包括晋升计划、补充计划、员工培训计划、人员裁减计划、员工职业生涯计划、继任计划等。

2. 规划的具体项目

完成以上工作的基础后，就可以编制人力资源规划表了。一份典型的人力资源规划至少包括以下几个项目：规划的时间、目标、现状分析、未来情况分析、具体内容、制订者、制订时间等。

（1）规划时间段。即规划制订是从什么时候开始，至什么时候结束。

（2）规划达到的目标。规划要与企业战略目标联系起来；要真实具体，即用数据资源供需状况，作为人力资源规划的依据。

（3）现状分析。分析目前企业人力资源何种状况，作为人力资源规划的依据。

（4）未来情况分析。主要是预测企业未来的人力资源供需状况，进一步指出制订规划的依据。

（5）规划的具体内容。这是人力资源规划的核心内容。在每个具体的计划里，都要落实具体内容，还要落实执行规划的项目负责人、负责检查项目执行情况的人以及检查的时间和检查日期、预算等。

（6）规划的制订者。

（7）规划制订的时间，即规划正式确定的日期。

（二）各业务性人力资源规划的大致内容

1. 补充计划

补充计划是指企业根据组织实际运转情况，合理预测职位的空缺情况，并制定出必要的政策和措施，确保组织能及时获得所需的人力资源。

2. 人员裁减计划

人员裁减计划包括：人员裁减的对象、时间、地点；经过培训是否避免裁减；帮助裁减人员寻找新工作的具体步骤与措施；裁减的补偿；其他有关问题；等等。

3. 招聘计划

招聘计划包括：需要人员的类别、数量、时间；特殊人力的供给问题与处理方法；何时、何处招聘；拟定录用条件；成立招聘小组；为招聘而做广告与财务准备；制定招聘进度表；等等。

4. 员工培训计划

员工培训计划一般包括：培训的目的；所须培训新员工的人数、内容、时间、方式、地点；培训费用预算，培训具体安排；等等。

5. 晋升计划

晋升计划包括：晋升的比率、平均年资、晋升时间；现有员工能否晋升；现有员工经过培训后是否适合晋升；过去组织内晋升的渠道与模式；过去组织内晋升的渠道与模式的评价，以及它对员工进取心、组织管理方针政策的影响。

6. 薪酬计划

薪酬计划的内容包括绩效标准及其衡量方法，薪酬结构、工资总额、工资关系、福利项目等。

第四节　人力资源规划的方法

人力资源规划的方法包括人力资源需求的预测方法、人力资源供给的分析方法、人力资源供求平衡方法等。

一、人力资源需求的预测方法

人力资源规划预测是指根据企业的发展规划和企业的内外条件，选择适当的预测技术，对人力资源需求的数量、质量和结构进行预测。企业对人力资源的需求受到诸多因素的影响，其中，市场对企业产品的需求是最重要、最根本的。从总体上看，影响企业人力资源的需求因素可以归结为两大类：企业内部因素：企业规模的变化；经营方向变化、规模不变；企业规模与经营方向都发生变化；技术与管理的变化；人员流动比率。企业外部因素主要包括法律、经济、技术、社会文化、行业竞争态势等。外部因素的影响多是间接影响，并通过内部因素而起作用。例如，经济环境的变化会影响企业的规模和经营方向，技术环境的变化会影响企业的技术水平等，从而间接地影响到企业的人力资源需求。

人力资源需求预测通常可分为定性预测和定量预测两种方法。

（一）人力资源需求定性预测法

1. 经验预测法

也称“管理估计法”，它是管理人员根据自己过去的工作经验和对未来变化的估计，预测企业未来一段时间人力资源管理的办法。具体的办法是根据企业的生产经营计划、劳动定额，或每个人的生产能力、销售量等进行人力资源预测。如一个企业根据以往的经验认为生产车间的管理人员，如一个班组长或工头，一般管理 15 人为好。根据这一经验，该企业就可以生产工人的培养来预测班长或工头基层管理人员的需求。

经验预测法简单、实用、易于操作，适合规模小、发展稳定的企业，不适合规模大、发展速度快的企业。

2. 驱动因素预测法

某些企业本质特征有关的因素主导企业的活动或运营，进而影响人力资源需求，驱动因素预测法就是找出这些驱动因素，并根据这些因素预测人力资源的需求。一般的步骤是：①分析并确定主导作用的驱动因素；②分析驱动因素与人力资源需求的内在关系；③预测驱动因素的变动；④根据预测驱动因素的变动和人力资源需求的内在关系，预测人力资源需求情况。

（二）人力资源需求定量预测法

1. 劳动定额法

根据劳动者在单位时间内完成的工作量和企业计划的任务总量测出所需要的人力资源数量，公式：

$$N = W / Q(1 + R)$$

N 表示人力资源需求量；W 表示计划内完成量；Q 表示现行的定额；R 表示计划期内生产率变动系数。

2. 趋势分析法

这是比较简单的方法。预测者必须拥有过去一段时间的历史数据资料，然后用最小平方法求得趋势线，将这趋势线延长，就可预测未来的数值。趋势预测法以时间或产量等单个因素作为自变量，人力数为因变量，且假设过去人力的增减趋势保持不变，一切内外影响因素保持不变。

3. 回归分析法

回归分析法是指根据数学中的回归原理对人力资源需求进行预测。基本思路是：确定与企业中的人力资源数量和构成高度相关的因素，建立回归方程；然后根据历史数据，计算出方程系数，确定回归方程；这时，只要得到了相关因素的数值，就可以对人力资源的需求量做出预测。回归模型包括一元线性回归模型、多元线性回归模型和非线性回归模型。一元线性回归，是指与人力资源需求高度相关的因素只有一个。多元线性回归，是指有两个或两个以上的因素与人力资源需求高度相关。如果人力资源需求与其相关因素不存在线性关系，就应该采用非线性回归模型。多元线性回归与非线性回归非常复杂，通常使用计算机来处理，一元线性回归比较简单，可以运用公式来计算。

4. 比率分析法

比率分析法是通过计算某些原因性因素和所需员工数量之间的比率来确定人力资源需求的方法。一是人员比例法。例如，某企业有 200 名生产人员和 10 名管理人员，那么，生产人员与管理人员的比率是 20，这表明 1 名管理人员管理 20 名生产人员。如果企业明年将生产人员扩大到 400 人，那么根据比率可以确定企业对管理人员的需求为 20 人，也就是要再增加 10 名管理人员。二是生产单位／人员比例法，例如，某企业有生产工人 100 名，每日可生产 50 000 单位的产品，即一名生产工人每日可生产 500 单位产品。如果企业明年要扩大产量，每日生产 100 000 单位产品，根据比率可以确定需要生产工人 200 名，也就是要再增雇 100 名生产工人。

比率分析法假定企业的劳动生产率是不变的，如果考虑到劳动生产率的变化对员工需求量的影响，可用以下计算公式：

$$N = \frac{w}{q(1+R)}$$

N 表示人力资源需求量；w 表示计划期内任务总量；q 表示目前的劳动生产率；R 表示计划期内生产率变动系数。

5. 任务分析法

将某部门所承担的任务分成 A、B、C 三类，A 类为日常性工作，几乎天天发生；B 类为周期性工作，如计划部门制订年度计划，财务部门发放工资等；C 类为临时性或突发性工作，具有不可预见性。然后根据过去的统计数据以及计划期内任务的变动情况，对各项任务的工作量进行估计。最后，将每类中的各项任务的工作量进行汇总。

二、人力资源供给的分析方法

人力资源供给预测同人力资源需求预测一样，是人力资源规划的重要环节，但它与人力资源需求预测存在重要差别：需求预测只研究企业内部需求，而供给预测则包括两方面：企业内部人力资源供给预测和企业外部人力资源供给预测。

（一）企业内部人力资源供给预测方法

1. 人员接续计划

人员接续计划可以预测企业中具体岗位的人力资源供给，避免人员流动带来的损失。人力资源接续计划的过程是：首先，通过工作分析，明确工作岗位对员工的要求，确定岗位需要的人数；然后，根据绩效评估和经验预测，确定哪些员工能够达到工作要求、哪些员工可以晋升、哪些员工需要培训、哪些员工需要被淘汰；最后根据以上数据，企业就可以确定该岗位上合适的人员补充。如图 2-4 所示：

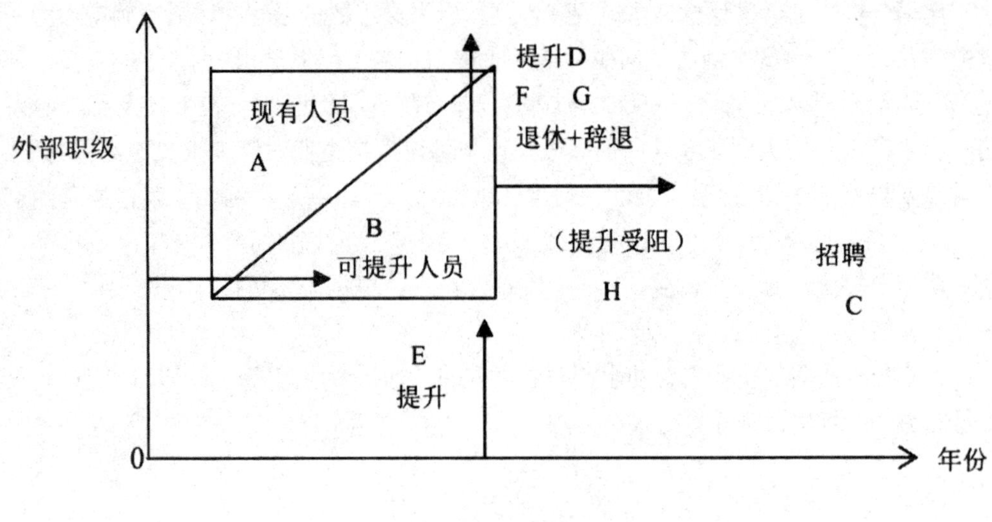

图 2-4 人员接续模型

其中：$B = D + H$

制订人员接续计划，可以避免企业人力资源供给中断的风险。通过人员接续计划，有利于建立后续人才储备梯队，并根据职位要求提早进行相关培训，这样，既培养了后备人才，又有效避免了企业人力资源供给的风险。

2. 人力资源盘点法

人力资源盘点法是对现有的人力资源数量、质量、结构进行核查，掌握目前拥有的人力资源状况，对短期内人力资源供给做出预测，能否清楚地、正确地认识现有的人力资源情况并影响到其他的人力资源管理工作。

具体步骤：首先，人力资源部门策划、设计人力资源登记表。其次，在日常人力资源管理中，做好登记表的记录工作。再次，定期核查、盘点现有的人力资源状况。最后，根据记录表数据和历史盘点情况预测未来内部资源供给。

3. 马尔可夫模型

马尔可夫模型是一种定量分析预测企业内部人力资源供给的方法。它是根据企业内从事某项工作的人员转移的历史数据，计算未来某一时期该项工作的人员转移的概率，或者说是根据人员转移概率的历史平均值，据此来预测企业内从事该项工作的人力资源供给。如果给定各类工作的初始人数、转移概率和补充进来的人数，那么各类工作在未来某一时期的人员供给数就可以根据以下公式来预测。

$$Nj(t) = \sum Ni(t-1) \cdot Pij + Rj(t)$$

式中：$Nj(t)$——时刻 t 时，j 类工作的人数；

Pij——员工在 $t-1$ 时刻到 t 时刻时间段，从 i 类工作向 j 类工作转移的概率；

$Rj(t)$——在时间（$t-1, t$）内，j 类工作所补充的人数；

i、j =1、2、3、…k，k 为工作所补充的人数。

4. 过渡矩阵法

过渡矩阵可以把企业内部人力资源流动进行模型化，能显示出不同职位类型上的员工所占的比例（或数量）。这些矩阵以概率的形式简单地反映各类岗位变化的平均率。

（二）企业外部人力资源供给预测

任何企业都不可避免要面对招聘和录用新员工的问题。无论是由于生产规模的扩大，还是由于劳动力的自然减员，企业都需要从劳动力市场上获得必要的人员补充或扩充企业的员工队伍。因此，对企业外部的人力资源供给进行预测是一项不可缺少的工作。

1. 影响企业外部人力资源供给的因素

影响企业外部人力资源供给的因素是多种多样的，在进行人力资源外部供给预测时主要应考虑以下四方面因素：

（1）宏观经济形势

宏观经济形势越好，失业率越低，劳动力供给越紧张，企业招聘越困难；宏观经济形势越差，失业率越高，劳动力供给越充足，企业招聘越容易。

（2）人口状况

人口状况是影响企业外部人力资源供给的重要因素，主要包括两方面：①人口总量和人力资源率。人口总量和人力资源率决定了人力资源供给总量。人口总量越大、人力资源率越高，人力资源供给越充足；②人力资源的总体构成。主要包括人力资源的年龄、性别、教育、技能、经验等，该因素决定了在不同的层次与类别上可以提供的人力资源的数量与质量。

（3）劳动力市场的状况

劳动力市场是劳动力供给者寻找工作和劳动力需求者寻找雇员的场所。它主要从以下六方面来影响人力资源的供给：①劳动力供应的数量；②劳动力供应的质量：③劳动力职业选择中的价值取向；④当地经济发展的现状与前景；⑤雇主提供的工作岗位数量与层次；⑥雇主提供的工作地点、工资和福利等。

（4）政府的政策法规

政府的政策法规是影响企业外部人力资源供给不可忽视的一个因素。各地政府为了各自经济的发展，为了保护本地劳动力的就业机会，都会颁布一些相关的政策法规。例如，不准歧视妇女就业；保护残疾人就业；严禁雇用童工；员工安全保护法规；从事危险工种保护条例等。

2. 企业外部人力资源供给预测方法

（1）市场调查预测法

企业人力资源管理人员进行市场调查，运用科学的方法和手段，有目的、有计划地收集劳动力市场有关信息，了解劳动力市场的动态，预测未来劳动力市场的发展趋势和未来发展趋势。市场调查的程序一般有这些步骤：第一，明确调查的目的和任务；第二，情况分析；第三，预调查；第四，正式调查；第五，数据资源的收集的整理和加工和分析。

（2）相关因素预测法

指的是通过调查、分析和汇总，找出影响劳动力市场供给的各种因素，分析各种影响对劳动力市场发展变化的作用方向和影响程度，预测未来劳动力市场的变化和发展规律。其步骤是：第一，分析影响劳动力供给的主要因素、筛选、确定相关因素；第二，根据历史数据，分析相关因素与劳动力供给变化之间的规律，找出相关因素与劳动力供给的数量关系（如组织因素、劳动生产率等因素）。第三，预测劳动力供给的未来值。

企业外部人力资源供给的来源主要包括各类学校毕业生、转业退伍军人、其他企业流出人员和失业人员等。随着社会主义市场经济体制的确立与不断完善，各地劳动行政主管部门建立了许多劳动力中介机构，这些机构经常向社会发布劳动力供求信息，这些信息是企业预测外部劳动力供给的重要依据。

三、人力资源供求平衡方法

企业人力资源需求与供给预测的结果，一般会出现三种情况：一是人力资源供大于求；二是人力资源供不应求；三是人力资源供求总量平衡，但内部结构不平衡。针对这三种不同情况，企业应采取不同的调整方法。

（一）人力资源供大于求的调整方法

1. 企业要扩大经营规模或者开拓新的增长点

以增加对人力资源的需求，企业可以实施多种经营吸纳过剩的人力资源供给，例如，开发新产品，或上新的生产经营项目等。

2. 撤销合并不必要的机构，减少冗员

对相当一部分企业（特别是国有企业）而言，机构臃肿问题是通病。因此，在人力资源供大于求时，首先应该考虑的办法就是撤销合并不必要的机构，减少冗员。

3. 永久性地裁员或者辞退员工

这种方法虽然比较直接，但是由于会给社会带来不安定因素，因此往往会受到政府的限制。

4. 缩短员工的工作时间

实行工作分享或者降低员工的工资，通过这种方式也可以减少供给。

5. 对过剩的员工进行技能培训

将暂时富余的员工组织进来，对他们进行技能培训，一方面能为企业做好人力资源的储备工作，在企业经营规模扩大时，能使他们很快适应新岗位的需要；另一方面，也有利于被裁员的员工自谋职业。

6. 鼓励提前退休

通过制订提前退休激励计划促使老员工自愿提前退休，一方面可以减少老年员工较高的人工成本；另一方面，可以为年轻员工的成长提供更多的发展机会。但是，由于老年员工大多经验丰富，因此，企业也不应该忽视实施该项计划时可能带来的损失。

（二）人力资源供不应求的调整方法

1. 通过企业内部员工流动的办法解决

企业内部的员工流动，是指将企业内部符合条件的人员调往空缺的职位，以增加劳动力的供给。

2. 在内部流动不能满足某些职位需求时

企业应制定招聘政策，有计划地从外部招聘。

3. 对企业现有员工进行必要的技能培训

使其提高工作效率，以便胜任或从事更高层次的工作。

4. 提高企业的资本有机构成

通过提高企业的机械化水平的途径，能有效降低企业对劳动力的依赖程度，在一定程度上实现资本对劳动的替代。

5. 雇用临时工

对一些临时性工作，企业可以采用雇用临时工的办法应对。这种办法不仅有利于保持企业生产规模的弹性，而且可以减少人员福利成本和培训费用方面的支出。但是，企业必须注意调节临时工与全职员工间的关系，以防止负面影响的发生。

（三）人力资源结构不平衡的调整方法

企业人力资源供给和需求完全平衡一般是很难发生的，即使在供需总量上达到了平衡，往往也会在层次和结构上出现不平衡。对结构性的人力资源供需不平衡，一般要采取下列措施实现平衡：

第一，通过企业内部人员的晋升和调任，以满足空缺职位对人力资源的需求。

第二，对供过于求的普通人力资源，可以有针对性地对其进行培训，在提高他们的知识和技能的基础上，将其补充到空缺的岗位上。

第三，进行人员的置换，即一方面要从外部招聘企业急需的人员；另一方面，对企业内的冗员进行必要的裁减。

第三章　员工培训与开发

第一节　培训与开发概述

培训与开发一方面可以提高员工的知识技能，另一方面可以使员工认可和接受企业的文化和价值观，提升员工的素质并吸引保留优秀员工，增强企业凝聚力和竞争力。在纷繁复杂、不断变化的市场竞争环境下，企业要想立于不败之地，就必须持续扩充和增强人力资本，因而准确地理解培训与开发是很有必要的。

一、培训与开发人员及其组织结构

现代人力资源管理的目的就是组织最大限度地发挥员工能力，提高组织绩效。在人力资源管理理论中，培训与开发是两个既有区别又有联系的概念。

培训与开发（training and development，T&D）是指为了使员工获得或改进与工作有关的知识、技能、动机、态度和行为，有效提高员工的工作绩效以及帮助员工对企业战略目标做出贡献，组织所做的有计划的、系统的各种努力。

人力资源开发人员的素质不仅关系其自身的发展，而且也关系着整个企业人力资源开发职能工作的质量。不同的企业人力资源开发部门的组织结构存在较大差异，因此有必要了解培训与开发人员及其组织结构。

（一）专业培训与开发人员和组织的诞生

1944 年成立的美国培训与发展协会（American Society for Training&Development，ASTD），是全球最大的培训与发展行业的专业协会，是非营利的专业组织，定期发表行业研究报告，颁发专业资格证书，举办年会以及各种培训活动等。

（二）培训与开发人员的资格认证

人力资源开发人员的认证可以分为社会统一资格认证体系和组织内部资格认证体系。

目前统一采用人力资源专业人员的资格证书，美国人力资源协会（The Society for Human Resource Management，SHRM）的注册高级人力资源师（SPHR）和人力资源师（PHR）。

（三）培训与开发的组织结构

企业规模、行业、发展阶段不同，培训与开发的组织结构也不同，主要模式有学院模式、客户模式、矩阵模式、企业大学模式、虚拟模式五种，各类培训与开发组织结构的特点如表 3-1 所示：

表 3-1　各类培训与开发组织结构的特点

模式	如何组织	优点	不足之处
学院模式	培训部门将由一名主管会同一组对特定课题或在特定的技术领域具有专业知识的专家来共同领导	1. 培训人员是该培训领域内的专家 2. 培训部门计划由人事专家拟订	1. 可能没有意识到经营问题 2. 可能会导致受训者失去学习的动力
客户模式	根据客户模式组建的培训部门，负责满足公司内某个职能部门的培训需求	能够使培训项目与经营部门的特定需要相一致	1. 要花费相当多的时间来研究经营部门业务职能 2. 大量涉及类似专题的培训项目是由客户开发出来的
矩阵模式	同时向培训部门经理和特定职能部门的经理汇报工作的一种模式。培训者具有培训专家和职能专家两方面的职责	1. 有助于将培训与经营需要联系起来 2. 受训者可以通过了解某一特定经营职能而获得专门的知识	培训者将会遇到更多的指令和矛盾冲突
企业大学模式	客户群不仅包括雇员和经理，还包括公司外部的相关利益者，如社区大学、普通大学等	1. 企业一些重要的文化和价值观将在企业大学的培训课程中受到重视 2. 保证了在公司某一部门内部开展的有价值的培训活动可以在整个公司进行推广 3. 企业大学可以通过开发统一培训实践与培训政策来控制成本	费用高昂
虚拟模式	利用电子网络和多媒体技术	即时性，没有场地限制	缺少人性化交流

二、培训与开发在人力资源管理中的地位

随着信息技术、经济全球化的发展，受到终身学习、人力资源外包等因素的挑战，培训与开发在人力资源管理中的地位日益提升，对培训与开发人员提出了新的、更高的要求。同时，企业战略和内在管理机制不同，也要求提供相应的培训与开发支持。

（一）培训与开发是人力资源管理的基本内容

1. 培训与开发是人力资源管理的基本职能

人力资源管理的基本职能包括获取、开发、使用、保留与发展，现代培训与开发是充分发挥人力资源管理职能必不可少的部分。

2. 培训与开发是员工个人发展的客观要求

接受教育与培训是每个社会成员的权利，尤其是在知识经济时代，知识的提高及知识老化、更新速度的加快客观上要求员工必须不断接受教育和培训，无论从组织发展的角度，还是从员工个人发展的角度，员工必须获得足够的培训机会。

3. 培训与开发是国家和社会发展的客观需要

人力资源质量的提高对国家和社会经济的发展，以及国际竞争力的提升具有重要作用。世界各国都非常重视企业员工的培训问题，并制定了相关的法律和政策加以规范，并对企业的培训和开发工作给予相关的支持和帮助。

4. 培训与开发与人力资源管理其他功能模块的关系

培训、开发与人力资源管理各方面都相互联系，尤其是人力资源规划、职位设计、绩效管理、甄选和配置等联系更为紧密，招聘甄选后便要进行新员工的入职培训，培训与开发是员工绩效改进的重要手段，职位分析是培训需求分析的基础，人力资源规划则确定培训与开发的阶段性与层次性。

（二）培训与开发在人力资源管理中的地位和作用的变迁

1. 员工培训与开发伴随着人力资源管理实践的产生而产生

培训与开发是人类社会生存与发展的重要手段。通过培训而获得的知识增长和技能优化有助于提高劳动生产率。早在1911年，泰勒（Frederick Winslow Taylor）的《科学管理原理》就包括了培训与选拔的内容（按标准化作业培训工作人员并选拔合格者）。

2. 现代培训与开发逐渐成为人力资源管理的核心内容

在全球化的背景下，培训已成为许多国际大企业、大公司投资的重点。美国工商企业每年用于职工培训的经费达数千亿美元，绝大多数企业为职工制订了培训计划。以满足高质量要求的工作挑战。同时，多元化带来的社会挑战、技术革新使员工的技能要求和工作角色发生变化，使得员工需要不断更新专业知识和技能。

3. 培训与开发是构建学习型组织的基础

随着传统资源的日益稀缺，知识经济的形成和迅速发展，21 世纪最成功的企业是学习型组织。不论利润绝对数，还是销售利润率，学习型企业都比非学习型企业高出许多。培训与开发作为构建学习型组织的基础，具有重要的地位。

（三）战略性人力资源管理对培训的内在要求

战略性人力资源管理是指企业为实现目标所进行和所采取的一系列有计划、具有战略意义的人力资源部署和管理行为。企业战略与培训战略的匹配如表 3-2 所示：

表 3-2 企业战略与培训战略的匹配

基本战略	通常需要的基本技能和资源	基本组织要求	人力资源战略	培训战略
成本领先战略	1. 持续的资本投资和良好的融资能力 2. 工艺加工技能 3. 对工人严格地监督 4. 所设计的产品易于制造 5. 低成本的分销系统	1. 结构分明的组织和责任 2. 以满足严格的定量目标为基础的激励 3. 严格成本控制 4. 经常、详细的控制报告	1. 严格的工作划分，明确细致的工作责任 2. 严格监督和控制简单招聘甄选测试，强调应聘者纪律和服从 3. 一般上司考核 4. 低于或等于平均薪酬水平 5. 不提供培训或提供少量培训	1. 强调纪律和服从 2. 强调效率优先和成本优先 3. 标准化的操作训练和指导 4. 在实干中学习
差异化战略	1. 强大的生产营销能力 2. 产品加工 3. 对创造性的鉴别能力 4. 很强的基础研究能力 5. 质量或技术上领先公司声誉 6. 在产业中有悠久传统或从其他业务中得到独特技能组合 7. 得到销售渠道的高度合作	1. 在研究与开发、产品开发和市场营销部门之间的密切协作 2. 重视主观评价和激励，而不是定量指标 3. 有轻松愉快的气氛，以吸引高技能工人、科学家和创造性人才	1. 广泛的工作划分，模糊的工作责任 2. 强调自我监督和同事监督 3. 严格的招聘甄选测试，特别强调应聘者创新精神和学习能力 4. 上司、同事多主体的考核 5. 高于或等于平均薪酬水平 6. 提供系统培训或提供大量的培训，鼓励员工学习与成长	1. 强调文化与创新 2. 强调创新效率优先 3. 各个职能与专业知识的广泛培训 4. 脱产培训 5. 学习环境建设、创建学习型组织
集中战略	针对具体战略指标，由上述各项组合构成	针对具体战略指标，由上述各项组合构成	针对具体战略指标，由上述各项组合构成	针对具体战略指标，由上述各项组合构成

三、培训与开发的发展趋势

目前，培训与开发规模日益壮大，培训与开发水平不断提高，培训与开发技术体系日益完善，培训开发理论体系逐渐形成，人力资源培训与开发领域呈现出以下几方面的发展趋势：

（一）培训与开发的目的

要更注重团队精神，培训与开发的目的比以往更加广泛，除了新员工上岗引导、素质培训、技能培训、晋升培训、轮岗培训之外，培训开发更注重企业文化、团队精神、协作能力、沟通技巧等。这种更加广泛的培训开发目的，使每个企业的培训开发模式从根本上发生了变化，如图 3-1 所示：

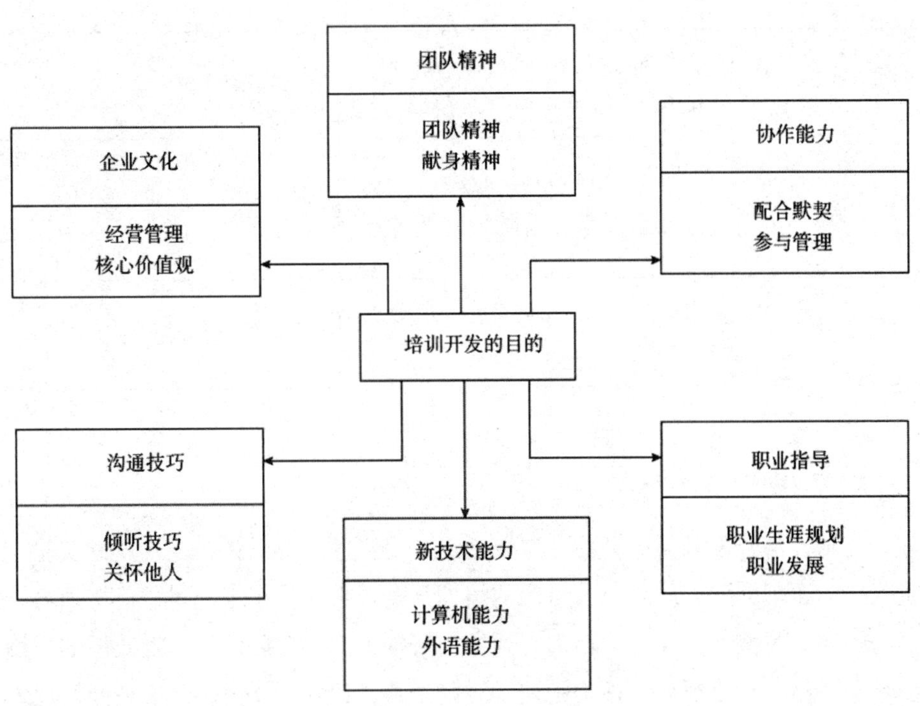

图 3-1　培训开发的目的发生变化

（二）培训与开发的组织

转向虚拟化和更多采用新技术，虚拟培训与开发组织能达到传统培训组织所无法达到的目标。虚拟培训与开发组织是应用现代化的培训与开发工具和培训与开发手段，借助社会化的服务方式而达到培训与开发的目的。现代化的培训与开发工具及手段包括多媒体培训与开发、远程培训与开发、网络培训与开发、电视教学等。在虚拟培训与开发过程中，虚拟培训与开发组织更加注意以顾客为导向，凡是顾客需要的课程、知识、项目、内容，都能及时供给并更新原有的课程设计。虚拟培训与开发组织转向速度快，更新知识和更新课程有明显的战略倾向性。

虚拟培训与开发组织的优缺点比较如表 3-3 所示：

表 3-3 虚拟培训与开发组织的优缺点比较

培训与开发技术	优点	缺点
多媒体培训与开发	自我控制进度；内容具有连续性；互动式学习；反馈及时；不受地理位置限制	开发费用高昂；不能快速更新
网络培训与开发	自我控制培训传递；信息资源共享；简化培训管理过程；培训项目更新快速	受到网络速度限制；开发成本高；培训成果转化一般
虚拟现实	适合危险或复杂工作培训；培训成果转化率高；反馈及时	有时缺乏真实感
智能指导系统	模拟学习过程；自我调整培训过程；及时沟通与回应；培训成果转化率高	开发费用高
远程学习	多人同时培训；节约费用；不受空间限制	缺乏沟通；受传输设备影响大

（三）培训与开发效果

注重对培训与开发效果的评估和对培训与开发模式的再设计，控制反馈实验是检验培训开发效果的正规方法。组织一个专门的培训开发效果测量小组，对进行培训与开发前后的员工的能力进行测试，以了解培训与开发的直接效果。对培训与开发效果的评价，通常有四类基本要素：一是反应：评价受训者对培训开发计划的反应，对培训开发计划的认可度及感兴趣程度；二是知识：评价受训者是否按预期要求学到所学的知识、技能和能力；三是行为：评价受训者培训开发前后的行为变化；四是成效：评价受训者行为改变的结果，如顾客的投诉率是否减少，废品率是否降低，人员流动是否减少，业绩是否提高，管理是否更加有序，等等。

（四）培训与开发模式

更倾向于联合办学，培训与开发模式已不再是传统的企业自办培训与开发的模式，更多是企业与学校联合、学校与专门培训与开发机构联合、企业与中介机构联合或混合联合等方式。社会和政府也积极地参与培训与开发，如再就业工程，社区也在积极地参与组织与管理。政府的专门职能部门也与企业、学校挂钩，如人事部门组织关于人力资源管理的培训，妇联组织关于妇女理论与实践的培训与开发和婚姻、家庭、工作三重角色相互协调的培训与开发等。

四、培训与开发体系

培训与开发是一项系统的工作，一个有效的培训与开发体系可以运用各种培训方式和人力资源开发的技术、工具，把零散的培训资源有机、系统地结合在一起，从而保证培训与开发工作能持续、有计划地开展下去。

（一）培训与开发体系

1. 培训与开发体系的定义

培训与开发体系是指一切与培训和开发有关的因素有序地组合，是企业内部培训资源的有机组合，是企业对员工实施培训的一个平台，主要由培训制度体系、培训资源体系、培训运作体系组成。

2. 培训与开发体系的建设与管理

（1）培训制度体系

培训制度是基础，包括培训计划、相关表单、工作流程、学员管理、讲师管理、权责分工、培训纪律、培训评估、培训档案管理制度等。建立培训体系首要工作就是建立培训制度、设计培训工作流程、制作相关的表单、制订培训计划。培训制度的作用在于规范公司的培训活动，作为保证培训工作顺利进行的制度依据。有效的培训制度应当建立在人力资源管理的基础上，与晋升考核等挂钩。

（2）培训资源体系

培训资源体系主要包括培训课程体系、培训资产维护、师资力量开发、培训费用预算等。

①培训课程体系

主要来源于岗位胜任模型，包括岗位式课程体系、通用类课程、专用类课程培训资源等。

②培训设施

培训必备工具（计算机、投影仪、话筒等）；培训辅助工具（摄影机、培训道具）；培训场地。

③培训教材

包括培训光碟、培训书籍、电子教材（软件）等。

④管理要求

定期检查、分类管理、过程记录、专人负责。

（3）培训运作体系

培训运作体系包括培训需求分析、培训计划制订、培训方案设计、培训课程开发、培训实施管控、培训效果评估。

（二）企业大学

1. 企业大学的定义

企业大学又称公司大学，是指由企业出资，以企业高级管理人员、一流的商学院教授及专业培训师为师资，通过实战模拟、案例研讨、互动教学等实效性教育手段，培养企业内部中、高级管理人才和企业供销合作者，满足人们终身学习的一种新型教育、培训体系。

企业大学是比较完美的人力资源培训与开发体系，是有效的学习型组织实现手段，也是公司规模与实力的证明。

2. 企业大学的类型

（1）内向型企业大学

内向型企业大学是为构筑企业全员培训体系而设计的，学员主要由企业员工构成，不对外开放，如麦当劳大学、通用汽车的领导力发展中心等。

（2）外向型企业大学

外向型企业大学分为两类：一类是仅面向其供应链开放，将其供应商、分销商或客户纳入学员体系中，主要目的是支持其业务发展，如爱立信学院；另一类是面向整个社会，主要目的是提升企业形象或实现经济效益，如惠普商学院。

3. 企业大学理论模型

（1）企业大学轮模型

“企业大学轮模型”是指把理想企业大学的五种元素整合到同一个理论结构中，并定义企业大学的重点是支持企业目标、协助知识的创新及组织的学习。企业大学轮模型整合了企业大学的流程、重要活动和相关任务，假设学习是产生在个体之内、个体与个体之间的活动和流程，试图把流程融入学术上的组织和学习理论，并把知识管理和学习型组织结合在同一个理论结构里。企业大学轮模型整合了作为理想企业大学的五种元素，这五种元素为支持企业目标的方式、网络和合作伙伴、知识系统和流程、人的流程，以及学习流程，如图 3-2 所示：

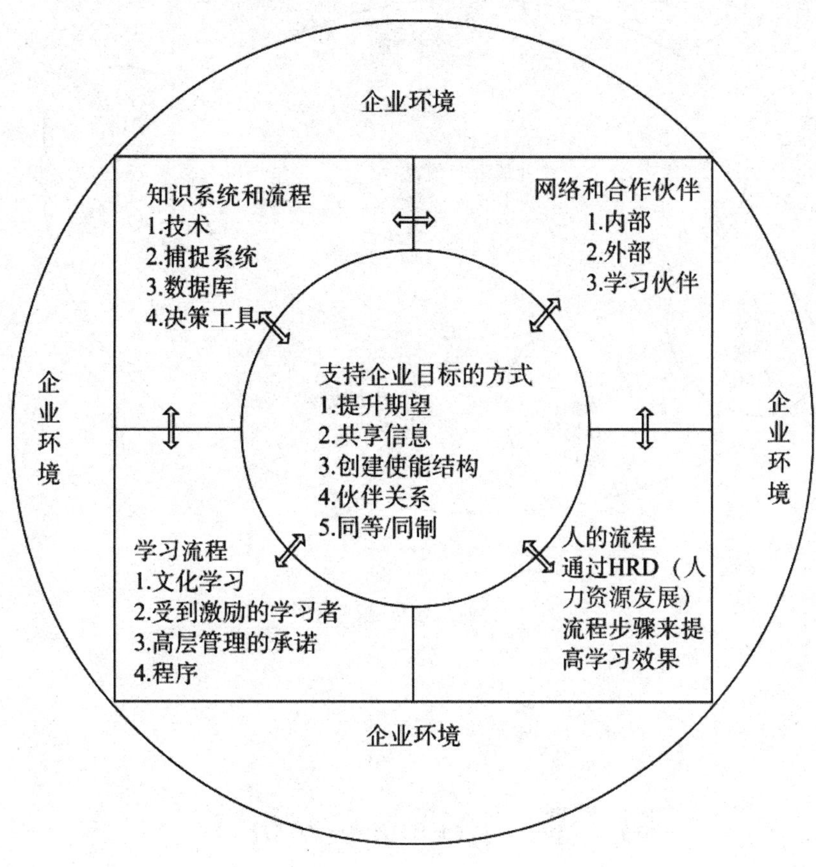

图 3-2　企业大学轮模型

（2）企业大学创建轴承模型

在中国企业的企业大学创建研究和咨询中，南天竺公司搭建了“企业大学创建轴承模型”，如图 3-3 所示，概括出“1 结合，2 实体，3 体系，4 关键”的企业大学创建 1234 法，用简洁通俗的语言描述企业如何立足管理现状，有效地创建适合企业需要的企业大学。1 结合，指以企业战略为核心，适应环境变化；2 实体，指组建领导机构和执行部门；3 体系，指建立课程体系、师资体系、评估体系；4 关键，主要是财务规划、制度建设、需求分析、持续改善。

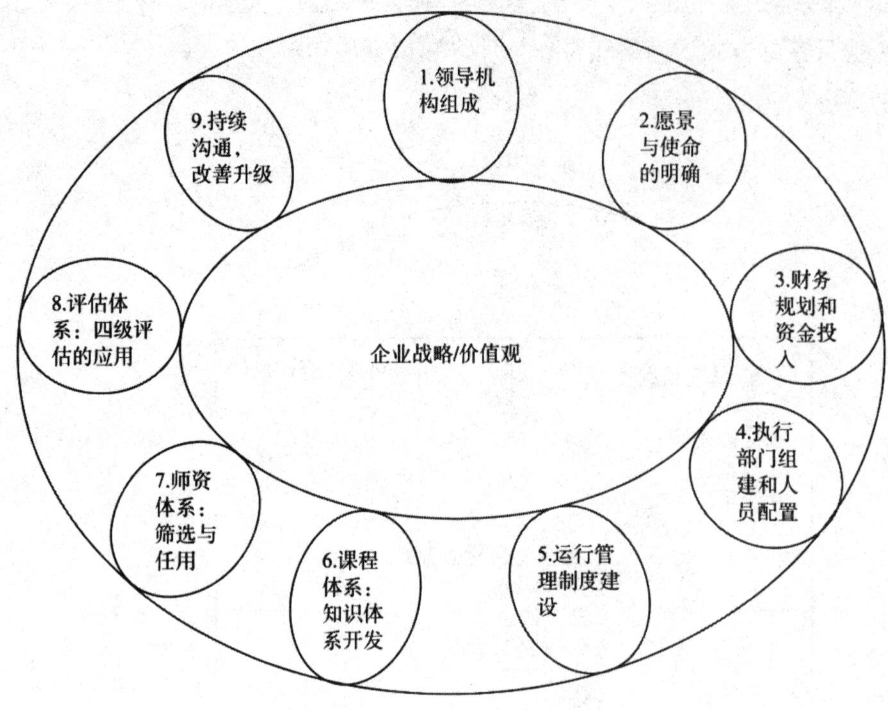

图 3-3　企业大学创建轴承模型

第二节　培训需求分析

一、培训需求分析的含义与作用

（一）培训需求分析的含义

所谓培训需求分析，是指在规划与设计每项培训活动之前，由培训部门、主管负责人、培训工作人员等采用各种方法与技术，对参与培训的所有组织及其员工的培训目标、知识结构、技能状况等方面进行系统的鉴别与分析，以确定这些组织和员工是否需要培训及如何培训，弄清谁最需要培训、为什么要培训、培训什么等问题，并进行深入探索研究的过程。

（二）培训需求分析的作用

培训需求分析作为现代培训活动的首要环节，在培训中具有重大作用，具体表现如下。

1. 充分认识现状与目的差距

培训需求分析的基本目标就是确认差距，即确认绩效的应有状况同现实状况之间的差距。绩效差距的确认一般包含三个环节：一是必须对所需要的知识、技能、能力进行分析，即理想的知识、技能、能力的标准或模式是什么；二是必须对现实实践中缺少的知识、技能、能力进行分析；三是必须对理想的或所需要的知识、技能、能力与现有的知识、技能、能力之间的差距进行分析。这三个环节应独立并有序地进行，以保证分析的有效性。

2. 促进人事管理工作和员工培训工作的有效结合

当需求分析考虑到培训和开发时，需求分析的另一个重要作用便是能促进人事分类系统向人事开发系统的转换。包括企业在内的一般组织之中，大部分有自己的人事分类系统。人事分类系统作为一个资料基地，在做出关于补偿金、员工福利、新员工录用、预算等的决策方面非常重要，但在工作人员开发计划、员工培训和解决实际工作问题等方面的用处很小。

3. 提供解决工作中实际问题的方法

可供选择的方法可能是一些与培训无关的选择，如组织新设与撤销、某些岗位的人员变动、新员工吸收，或者是几个方法的综合。

4. 能够得出大量员工培训的相关成果

培训需求分析能够作为规划开发与评估的依据。一个好的需求分析能够得出一系列的研究成果，确立培训内容，指出最有效的培训战略，安排最有效的培训课程。同时，在培训之前，通过研究这些资料，建立起一个标准，然后用这个标准来评估培训项目的有效性。

5. 决定培训的价值和成本

如果进行了好的培训需求分析，并且找到了存在的问题，管理人员就能够把成本因素引入培训需求分析。这个时候，如果不进行培训的损失大于进行培训的成本，那么培训就是必要的、可行的。反之，如果不进行培训的损失小于培训的成本，则说明当前还不需要或不具备条件进行培训。

6. 能够获得各方面的协助

工作人员对必要的工作程序的忽视，组织也要承担一定的责任。如果一个组织能够证明信息和技能被系统地传授，就可以避免或减少不利条件的制约。同时，高层管理部门在对规划投入时间和金钱之前，对一些支持性的资料很感兴趣。中层管理部门和受影响的工作人员通常支持建立在客观的需求分析基础之上的培训规划，因为他们参与了培训需求分析过程。无论是组织内部还是外部，需求分析提供了选择适当指导方法与执行策略的大量信息，这为获得各方面的支持提供了条件。

二、培训需求分析的内容

培训需求分析的内容主要有三方面：培训需求的对象分析、培训需求的阶段分析、培训需求的层次分析。

（一）培训需求的对象分析

培训对象分为新员工培训和在职员工培训两类，所以培训需求的对象分析包括新员工培训需求分析和在职员工培训需求分析。

1. 新员工培训需求分析

新员工主要进行企业文化、制度、工作岗位的培训，通常使用任务分析法。新员工的培训需求主要产生于对企业文化、企业制度不了解而不能融入企业，或是对企业工作岗位不熟悉而不能胜任新工作。对新员工培训需求分析，特别是对企业低层次工作的新员工培训需求，通常使用任务分析法来确定其在工作中需要的各种技能。

2. 在职员工培训需求分析

在职员工主要进行新技术、技能的培训，通常使用绩效分析法。由于新技术在生产过程中的应用，在职员工的技能不能满足工作需要等而产生培训需求。

（二）培训需求的阶段分析

培训活动按阶段，可分为针对目前存在的问题和不足所进行的目前培训和针对未来发展需要所进行的未来培训。因此，培训需求的阶段分析包括目前培训需求分析和未来培训需求分析。

1. 目前培训需求分析

目前培训需求是针对企业目前存在的不足和问题而提出的培训需求，主要包括分析企业现阶段的生产经营目标、生产经营目标实现状况、未能实现的生产任务、企业运行中存在的问题等，找出这些问题产生的原因，并确认培训是解决问题的有效途径。

2. 未来培训需求分析

这类培训需求是为满足企业未来发展需要而提出的培训需求，主要包括预测企业未来工作变化、职工调动情况、新工作职位对员工的要求以及员工已具备的知识水平和尚欠缺的部分。

（三）培训需求的层次分析

培训需求的层次分析从三个层次进行：战略层次、组织层次、员工个人层次。与此相对应，培训需求的层次分析可分为战略层次分析、组织层次分析和员工个人层次分析三种。

1. 培训需求的战略层次分析

战略层次分析要考虑各种可能改变组织优先权的因素，如引进一项新技术、出现了突发性的紧急任务、领头人的更换、产品结构的调整、产品市场的扩张、组织的分合以及财政的约束等；还要预测企业未来的人事变动和企业人才结构的发展趋势（如高中低各级人才的比例、老中青各年龄段领导的比例等），调查了解员工的工作态度和对企业的满意度，找出对培训不利的影响因素和可能对培训有利的辅助方法。

2. 培训需求的组织层次分析

组织层次分析主要分析的是企业的目标、资源、环境等因素，准确找出企业存在的问题，并确定培训是不是解决问题的最佳途径。组织层次的分析应首先将企业的长期目标和短期目标作为一个整体来考察，同时考察那些可能对企业目标发生影响的因素。因此，人力资源部必须弄清楚企业目标，才能在此基础上做出一份可行的培训规划。

3. 培训需求的员工个人层次分析

员工个人层次分析主要是确定员工目前的实际工作绩效与企业的员工绩效标准对员工技能要求之间是否存在差距，为将来培训效果的评估和新一轮培训需求的评估提供依据。对员工目前实际工作绩效的评估主要依据以下资料：员工业绩考核记录、员工技能测试成绩以及员工个人填写的培训需求调查问卷等资料。

三、培训需求分析的方法与程序

（一）培训需求分析的方法

任何层次的培训需求分析都离不开一定的方法与技术，而这种方法与技术又是多种多样的。在此，从宏观的角度探讨三种方法：必要性分析方法、全面性分析方法、绩效差距分析方法。

1. 培训需求的必要性分析方法

（1）必要性分析方法的含义与内容

所谓必要性分析方法，是指通过收集并分析信息或资料，确定是否通过培训来解决组织存在的问题的方法，它包括一系列的具体方法和技术。

（2）九种基本的必要性分析方法与技术

①观察法

通过较长时间的反复观察，或通过多种角度、多个侧面对有典型意义的具体事件进行细致观察，进而得出结论。

②问卷法

其形式可能是对随机样本、分层样本或所有的“总体”进行调查或民意测验。可采用各种问卷形式，如开放式、投射式、强迫选择式、等级排列式等。

③关键人物访谈

通过对关键人物的访谈，如培训主管、行政主管、专家主管等，了解到所属工作人员的培训需要。

④文献调查

通过对专业期刊、具有立法作用的出版物等的分析、研究，获得调查资料。

⑤采访法

可以是正式的或非正式的、结构性的或非结构性的，可以用于一个特定的群体如行政机构、公司、董事会或者每个相关人员。

⑥小组讨论

像面对面的采访一样，可以集中于工作（角色）分析、群体问题分析、目标确定等方面。

⑦测验法

以功能为导向，可用于测试一个群体成员的技术知识熟练程度。

⑧记录报告法

可以包括组织的图表、计划性文件、政策手册、审计和预算报告；对比较麻烦的问题提供分析线索。

⑨工作样本法

采用书面形式，由顾问对已做假设并且相关的案例提供书面分析报告；可以是组织工作过程中的产物，如项目建议、市场分析、培训设计等。

2. 培训需求的全面性分析方法

全面性分析方法是指通过对组织及其成员进行全面、系统的调查，以确定理想状况与现有状况之间的差距，从而进一步确定是否进行培训及培训内容的一种方法。

（1）全面性分析方法的主要环节

由于工作分析耗费大量时间，且需要系统的方法，因而分析前制订详细的计划对全面分析方法的成功实施非常重要。在计划阶段，一般包括计划范围的确定和咨询团体的任命两部分内容。

（2）研究阶段

工作分析的规范制定出以后，工作分析必须探究目标工作。首先检验的信息是工作描述。当研究阶段结束后，工作分析人员应该能从总体上描述一项工作。

（3）任务或技能目标阶段

这一阶段是工作分析的核心，有两种方法可以应用：一种是形成一个完全详细的任务目录清单，即每一项任务被分解成微小的分析单位；另一种方法是把工作仅剖析成一些任务，然后形成一个描述任务目录的技能目标。

（4）任务或技能分析阶段

工作任务的重要性是能够分析的维度或频率，频率即一定时间内从事一项任务的次数。其他维度包括所需要的熟练水平、严重性及责任感的强弱程度。熟练水平这一维度主要用来考查在不同的任务中是否需要高级、中级或低级的熟练水平。严重性这一维度主要考查何种任务如果执行得不适当、不合理将会产生不良后果。责任感的强弱程度这一维度主要用来考查在职工作人员在不同层次的监督下所表现出来的责任感的大小。

3. 培训需求分析的绩效差距分析方法

绩效差距分析方法也称问题分析法，它主要集中在问题而不是组织系统方面，其推动力在于解决问题而不是系统分析。绩效差距分析方法是一种广泛采用的、非常有效的需求分析法。绩效差距分析法的环节如下。

（1）发现问题阶段

发现并确认问题是绩效分析法的起点。问题是理想绩效和实际绩效之间差距的一个指标。其类型诸如生产力问题、士气问题、技术问题、资料或变革的需要问题等。

（2）预先分析阶段

此阶段也是由培训者进行直观判断的阶段。在这一阶段，要注意两个问题：一项是如果发现了系统的、复杂的问题，就要运用全面性分析方法；另一项是确定应用何种工作收集资料。

（3）资料收集阶段

收集资料的技术有多种，各种技术在使用时最好结合起来，经常采用的有扫描工具、分析工具等。

（4）需求分析阶段

需求分析涉及寻找绩效差距。传统上，这种分析考查实际个体绩效同工作说明之间的差距。然而，需求分析也考查未来组织需求和工作说明。既然如此，工作设计和培训就高度结合起来。可以把需求分析分为工作需求、个人需求和组织需求三方面。

（5）需求分析结果

需求分析结果是通过一个新的或修正的培训规划解决问题，是全部需求分析的目标所在。对结果进行分析后，最终确定针对不同需求采取的不同培训方法及不同的培训内容。

（二）培训需求分析的程序

1. 做好培训前期的准备工作

培训活动开展之前，培训者就要有意识地收集有关员工的各种资料。这样不仅能在培训需求调查时方便调用，而且能够随时监控企业员工培训需求的变动情况，以便在恰当的时候向高层领导者请示开展培训。

（1）建立员工培训档案

培训部门应建立起员工的培训档案，培训档案应注重员工素质、员工工作变动情况以及培训历史等方面内容的记载。员工培训档案可参照员工人事档案、员工工作绩效记录表等方面的资料来建立。另外，培训者应密切关注员工的变化，随时向其档案里添加新的内容，以保证档案的及时更新和监控作用。

（2）同各部门人员保持密切联系

培训工作的性质决定了培训部门通过和其他部门之间保持更密切的合作联系，随时了解企业生产经营活动、人员配置变动、企业发展方向等方面的变动，使培训活动开展起来更能满足企业发展需要，更有效果。培训部门工作人员要尽可能和其他部门人员建立起良好的个人关系，为培训收集到更多、更真实的信息。

（3）向主管领导反映情况

培训部门应建立一种途径，满足员工随时反映个人培训需要的要求。可以采用设立专门信箱的方式，或者安排专门人员负责这一工作。培训部门了解到员工需要培训的要求后应立即向上级汇报，并汇报下一步的工作设想。如果这项要求是书面的，在与上级联系之后，最好也以书面形式作答。

（4）准备培训需求调查

培训者通过某种途径意识到有培训的必要时，在得到领导认可的情况下，就要开始需求调查的准备工作。

2. 制订培训需求调查计划

培训需求调查计划应包括以下几项内容：

（1）培训需求调查工作的行动计划

即安排活动中各项工作的时间进度以及各项工作中应注意的一些问题，这对调查工作的实施很有必要。特别是对重要的、大规模的需求分析，有必要制订一个行动计划。

（2）确定培训需求调查工作的目标

培训需求调查工作应达到什么目标，一般来说完全出于某种培训的需要，但由于在培训需求调查中会有各种客观或主观的原因，培训需求调查的结果并不是完全可信的。所以，要尽量排除其他因素的影响，提高培训需求调查结果的可信度。

（3）选择合适的培训需求调查方法

应根据企业的实际情况以及培训中可利用的资源选择一种合适的培训需求分析方法。

如工作任务安排非常紧凑的企业员工不宜采用面谈法，专业技术性较强的员工一般不用观察法。

（4）确定培训需求调查的内容

确定培训需求调查内容的步骤如下：首先要分析这次培训调查应得到哪些资料，然后排除手中已有的资料，就是需要调查的内容。培训需求调查的内容不要过于宽泛，以免浪费时间和费用；对某一项内容可以从多角度调查，以便取证。

3. 实施培训需求调查工作

在制订了培训需求调查计划以后，就要按计划规定的行动依次开展工作。实施培训需求调查主要包括以下步骤：

（1）提出培训需求动议或愿望

由培训部门发出制订计划的通知，请各责任人针对相应岗位工作需要提出培训动议或愿望。培训需求动议应由理想需求与现实需求或预测需求与现实需求存在差距的部门和岗位提出。

（2）调查、申报、汇总需求动议

相关人员根据企业或部门的理想需求与现实需求或预测需求与现实需求的差距，调查、收集来源于不同部门和个人的各类需求信息，整理、汇总培训需求的动议和愿望，并报告企业培训组织管理部门或负责人。

（3）分析培训需求

申报的培训需求动议并不能直接作为培训的依据。因为培训需求常常是一个岗位或一个部门提出的，存在一定的片面性，所以对申报的培训需求进行分析，就是要消除培训需求动议的片面性，也就是说要全方位分析。

（4）汇总培训需求意见，确认培训需求

培训部门对汇总上来并加以确认的培训需求列出清单，参考有关部门的意见，根据重要程度和迫切程度排列培训需求，并依据所能收集到的培训资源制订初步的培训计划和预算方案。

4. 分析、输出培训需求结果

（1）对培训需求调查信息进行归类、整理

培训需求调查信息来源于不同的渠道，信息形式有所不同，因此，有必要对收集到的信息进行分类，并根据不同的培训调查内容进行信息的归档，同时要制作表格对信息进行统计，并利用直方图、分布曲线图等工具将信息所表现趋势和分布状况予以形象的处理。

（2）对培训需求分析、总结

对收集上来的调查资料进行仔细分析，从中找出培训需求。此时应注意个别需求和普遍需求、当前需求和未来需求之间关系。要结合业务发展的需要，根据培训任务重要程度和紧迫程度对各类需求进行排序。

（3）撰写培训需求分析报告

对所有的信息进行分类处理、分析总结以后，根据处理结果撰写培训需求分析报告，报告结论要以调查信息为依据，不能凭个人主观看法得出结论。

第三节　培训计划制订与实施

培训计划直接关系培训与开发活动的成败，是确定培训内容和方法、评估培训效果的主要依据。因此，必须了解什么是培训计划，培训计划包括哪些内容，如何制订培训计划。

一、培训计划工作概述

（一）培训计划的概念

培训计划是按照一定的逻辑顺序排列的记录，它是从组织的战略出发，在全面、客观的培训需求分析基础上做出的对培训内容、培训时间、培训地点、培训者、培训对象、培训方式和培训费用等的预先系统设定。

（二）培训计划的类型

培训计划要着重考虑可操作性和效果。以时间跨度为标准，培训计划可以分为长期培训计划、中期培训计划、短期培训计划。

1. 长期培训计划（3 年以上）

长期培训计划必须明确培训的方向性，考虑组织的长远目标、个人的长远目标、外部环境发展趋势、目标与现实的差距、人力资源开发策略、培训策略、培训资源配置、培训支援的需求、培训内容的整合、培训行动步骤、培训效益预测、培训效果预测等因素。

2. 中期培训计划（1 ～ 3 年）

中期培训计划是长期计划的进一步细化，要明确培训中期需求、培训中期目标、培训策略、培训资源分配等因素。

3. 短期培训计划（1 年以下）

从目前国内组织的培训实践来看，通常所说的培训计划大多是短期培训计划，更多的是某次或某项目的培训计划。

以上三种计划属于从属关系，从长期到短期培训计划工作不断细化。

二、培训计划的制订

（一）确立培训目的与目标

1. 培训目标的分类

培训目标可以分为提高员工在企业中的角色意识、提高知识和技能、转变态度动机几类。培训目标可分为若干层次，从某一培训活动的总体目标到某个学科直至每堂课的具体目标，越往下越具体。

2. 确定培训目标的注意事项

确定培训目标应当和组织长远目标相吻合，一次培训的目标不要太多，要从学习者的角度出发，明确说明预期课程结束后学员可以拥有哪些知识、信息及能力。目标确立应符合 SMART 原则，即目标必须是具体的（Specific），目标必须是可以衡量的（Measurable），目标必须是可以达到的（Attainable），目标必须和其他目标具有相关性（Relevant），目标必须具有明确的截止期限（Time-bound）。

（二）确定培训时间

培训时间主要包括培训时机和培训的持续时间。

1. 选择培训时机

企业可选择以下时间作为培训时机：
（1）新员工加盟时。
（2）新技术、新设备引进或生产工艺流程变更时。
（3）满足补救需要时（缺乏合格员工）。

2. 确定培训的持续时间

企业应根据以下因素确定培训的持续时间：
（1）培训内容。
（2）培训费用。
（3）学员素质。
（4）学员的工作与休闲时间的分配。

（三）确定培训场所与设施

确定培训场所与设施时必须注意以下问题：

（1）培训场所的多样化。
（2）判断培训场所与设施的基本要求，即舒适度与合适度。
（3）场所选择必须考虑各种细节。

（四）确定培训者

培训者有广义和狭义之分。广义的培训者包括培训部门领导人、培训管理人员以及培训师；狭义的培训者专指培训师。

1. 培训部门领导人的条件

（1）对培训工作富有热情，具有敬业精神。
（2）有培训与开发工作的实际经验。
（3）以身作则，对受训者和自己一视同仁。
（4）富有远见，能清楚地分析组织的培训要求，对人力资源发展有战略眼光。
（5）有良好的知识结构，特别是有培训与开发的专业知识。
（6）有良好的职业道德品质和身体状况。

2. 培训管理人员的条件

（1）善于与人打交道。
（2）工作主动、积极。
（3）有任劳任怨的精神。
（4）有一定的组织管理能力。

3. 培训师的条件

培训师是企业培训活动的关键环节，培训师资水平直接影响培训活动的实施效果，甚至可能会影响企业领导对人力资源部门和企业培训与开发工作的基本看法。培训师可以来自企业内部或外部。优秀的培训师需要具备以下素质和技能：

（1）态度

培训师应当喜欢培训工作，符合“3C”，即关心（care）、创造性（creativity）和勇气（courage）。

（2）能力

培训师应当具备信息转化能力、良好的交流和沟通能力、一定的组织管理能力、创新能力。

企业内部的培训讲师是企业培训师资队伍的主体，他们能有效传播企业真正需要的知识与技能，对企业有效经验和成果进行共享和复制；同时选择优秀员工担任讲师，为员工职业生涯发展开辟更广阔的道路。所以，企业应注意对内部讲师的培养和激励以及制度建设问题。

外部讲师的选拔同样要遵照相应的程序，还应考虑促进外部讲师授课成果的有效转化。内外部培训师的优缺点比较如表3-4所示：

表3-4　内外部培训师的优缺点比较

	优点	缺点
内部培训师	1.了解企业，培训有针对性，利于增强培训效果 2.与学员相互熟悉，交流顺畅 3.培训相对易于控制 4.成本较低	1.不易在学员中树立威望，影响学员参与度 2.内部选择范围小，不易开发高质量的教师队伍 3.看待问题受环境影响，不易上升高度
外部培训师	1.选择范围大，可得到高质量培训师资 2.可带来许多全新的理念 3.对学员具有较大的吸引力 4.可提高培训档次，引起企业重视 5.容易营造气氛，获得良好的培训效果	1.对企业缺乏了解，加大风险 2.教师与企业及学员之间缺乏了解，可能降低培训适用性 3.学校教师缺乏实际工作经验，易导致纸上谈兵 4.聘用成本较高

（五）确定培训对象

一般而言，组织内有三种人员需要培训。

1. 可以改进目前工作的员工

培训可以使他们更加熟悉自己的工作和技术。

2. 有能力而且组织要求他们掌握另一门技术的员工

培训的目的是将其安排到更重要、更复杂的岗位上。

3. 有潜力的员工

经过培训让他们进入更高层的岗位。培训对象确定后，最好能立即列出该对象的相关资料，如平均年资、教育背景、共同特质、曾参加过的培训等。

（六）确定培训内容与项目

培训内容应服务于培训目的与目标。培训的内容一定要科学，既要考虑系统性、适用性，也要考虑超前性，并根据不同的对象和不同的时间有所变化。

1. 确定培训内容与项目的依据

（1）以工作岗位标准为依据。

（2）以生产／服务质量标准为依据。

（3）以组织的发展目标为依据。

2. 确定培训内容与项目的分析方法

（1）任务分析法。

（2）缺陷分析法。

（3）技能分析法。

（4）目标分析法。

（七）确定培训方法

培训内容确定后，可以依据知识性课程、技能性课程、态度性课程等不同的课程，选择相适应的培训方法。培训方法主要包括课堂讲授法、研讨法、角色扮演法、游戏法、案例法、敏感性训练、视听法、程序指导、头脑风暴法、模拟法等。

（八）确定培训与开发预算

培训与开发预算是指在一段时间内（通常是 12 个月）培训与开发部门所需要的全部开支。培训与开发预算主要由五部分构成，包括培训场地及设施，与培训相关人员的食宿费，培训器材、教材费，培训相关人员工资以及外聘教师讲课费，交通差旅费等。

培训与开发预算的确定主要有六种方法。

1. 比较预算法

参考同行业平均培训预算与优秀企业培训预算，结合本企业实际情况确定。

2. 比例确定法

对某一基准值设定一定的比率来决定培训经费预算额。如根据企业全年产品的销售额或总经费预算的一定百分比来确定培训经费预算。

3. 人均预算法

预先确定企业内部人均培训经费预算额，然后再乘以在职人员数量。

4. 推算法

根据过去培训的使用额来推算，或与上一年度对比决定预算。

5. 需求预算法

根据企业培训需求确定一定时限内必须开展的培训活动，分项计算经费，然后加总求和。

6. 费用总额法

企业划定人力资源部门全年费用总额后，再由人力资源部门自行分配预算。

三、编制培训计划书

（一）概念

培训计划书是关于培训计划制订结果的一份文字总结，具体包括培训项目名称、培训目的、培训进度、培训内容、培训步骤、意外控制、注意事项、策划人、日期等。

（二）作用

第一，可对整个项目做一个清晰的交代，同时充分陈述项目的意义、作用和效果，简化培训程序。

第二，信息与分析结果高度浓缩的培训计划书可为高层领导的决策提供必要的依据和便利。

第三，可预先帮助管理者加深对培训项目各个环节的了解，从而做到统筹规划。

（三）编写技巧

1. 项目名称要尽可能详细地写出。

2. 应写明培训计划者所属部门、职务、姓名。团队形式则应写出团队名称、负责人、成员姓名。

3. 培训计划的目的要尽可能简明扼要，突出核心要点。

4. 培训计划书内容应在认真考虑受众的理解力和习惯的基础上详细说明，表现方式宜简单明了，并可适当加入一些图表。

5. 详细阐述计划培训的预期效果与预测效果，并解释原因。

6. 对计划中出现的问题要全部列明，不应回避，并阐述计划者的看法。

7. 培训计划书是以实施为前提编制的，通常会有很多注意事项，在编写时应将它们提出来供决策者参考。

四、培训材料

培训材料指能够帮助学习者达成培训目标、满足培训需求的所有资料，具体包括课程描述、课程的具体计划、学员用书、课前阅读资料、教师教学资料包（视听材料、练习册、背景资料、电脑软件等)、小组活动的设计与说明、测试题目。

五、培训实施

（一）明确培训学习的原则

1. 近期目标和长远战略结合起来的原则

为了制订科学的、切实可行的培训计划，应该对企业人才需求进行预测，并且充分考虑到企业的生产经营特点、近期目标、长远规划，以及社会劳动力供求变化趋势等因素。要对培训的目标、方法、效益进行周密、细致的研究。通过制订和执行培训计划，保持培训的制度化和连续性。企业还应建立培训效果的追踪检查方案，并根据生产经营的变化，随时对培训计划做出相应的修订。

2. 全员培训与重点提高结合起来的原则

全员培训就是有计划、有步骤地对在职的所有员工进行培训，这是提高全体员工素质的必经之路。为了提高培训投入的回报率，培训必须有重点，即注重对企业兴衰有着重大影响的管理和技术骨干，特别是中高层管理人员的培训；再者，有培养前途的梯队人员，更应该有计划地进行培训与开发。

在坚持全员培训与重点提高结合起来的原则的同时，要因材施教，处理好学员共性和个性的关系。也就是说，要针对员工的不同文化水平、不同职务岗位、不同要求以及其他差异，区别对待。只有这样，才能最大限度地发挥培训的功能，使员工的才能在培训活动中得到培养和提高，并在生产经营中得以实现。

3. 知识技能培训与企业文化培训兼顾的原则

培训与开发的内容，除了文化知识、专业知识、专业技能外，还应包括理想、信念、价值观、道德观等方面的内容，而后者又要与企业目标、企业文化、企业制度、企业优良传统等结合起来，使员工在各方面都能够符合企业的要求。

4. 理论联系实际，学以致用的原则

员工培训应当有明确的针对性，一定要从本企业实际出发，从实际工作的需要出发，根据企业的实际需要组织培训，使培训与生产经营实际紧密结合，与职位特点紧密结合，与培训对象的年龄、知识结构、能力结构、思想状况紧密结合，目的在于通过培训让员工掌握必要的技能以完成规定的工作，最终为提高企业的经济效益服务。企业培训既不能片面强调学历教育，也不能片面追求立竿见影。

5. 培训效果的反馈与强化原则

培训效果的反馈与强化是不可缺少的重要环节。培训效果的反馈指的是在培训后对员工进行检验，其作用在于巩固员工学习的技能，及时纠正错误和偏差。反馈的信息越及时、准确，培训的效果就越好。强化则是指由于反馈而对接受培训人员进行的奖励或惩罚。其目的一方面是奖励接受培训并取得绩效的人员，另一方面是加强其他员工的培训意识，使培训效果得到进一步强化。

6. 培训活动的持久性原则

培训作为人力资源体系中的一个很重要的环节，要充分认识到培训的持续作用。仅仅几次培训很难达到预期效果，也不符合人力资源发展规律，那种试图“一蹴而就”的做法是不可取的，时冷时热式的培训虽然可以在一定程度上取得效果，但会挫伤员工的积极性。

7. 培训活动的协调性

首先是时间上的协调。有的培训需要较长的时间，这就不可避免地产生时间冲突，尤其是与员工私人时间的冲突。如果占用太多私人时间，员工参加培训时就会心不在焉，培训效果自然大打折扣。

其次是组织上的协调。有的培训很难把参加的人员组织好，诸如出差、工作忙、开会等因素都会影响培训的人员安排，这就需要培训部门和相关人员协调好，保证大家都有机会参加。

（二）合理选择培训的方法

员工培训的方法是指培训主体（通常是企业）为了实现培训目标而采取的作用于企业员工的各种方式、形式、手段和程序等的总和。它是实现企业员工培训目标的中介和桥梁，是整个员工培训系统的重要组成部分，是提高员工培训实效性的关键之一。企业员工培训方法的综合把握和有效调试，对提高员工培训的实效性有着重要意义。

1. 完善企业员工培训方法的途径

针对目前国内企业员工培训工作中所存在的弊端和不足，企业员工培训工作要根据企业培训的新目标、新内容，总结其他企业的培训经验，建立符合自身特色和时代特征并符合规律性、富有实效性的系统方法，具体需要从以下几方面努力：

（1）注意运用渗透式培训方法

不断加强渗透式培训，是今后企业员工培训方法发展的一个趋势。企业应借鉴国内外先进大公司的有益做法并结合自身特点，探索具体渗透方法。首先，寓员工培训于企业文化建设之中。可通过企业愿景、战略目标、企业价值观等的宣传，引导员工从中获得良好的企业氛围熏陶，提高综合素质，摆正价值取向，选择正确的、和企业发展一致的职业生涯；其次，寓员工培训于开放模式之中，开放型的培训模式应该是“面向世界、面向社会、走出企业、多方参与、内外开放、齐抓共管”的模式。

（2）注意运用隐性培训的方法

我国企业的员工培训比较侧重于显性方法，即能让员工明显感到培训意图的方法。这种方法有利于对员工进行正面系统的理论培训，而且容易对培训过程进行监控和评估。但光靠显性方法是不够的，应结合企业实际，借鉴运用隐性培训方法，使员工在不知不觉中得到提高。

（3）注意运用灵活多样的培训方法

正确认识员工的层次性、差异性，是实施灵活多样的培训方法的前提。这就需要与时俱进，以更加多样的方法增强员工培训的针对性和实效性。当然，强调员工培训方法的多样性，并不等于否定员工培训内容的主导性，应用培训方法的多样性来丰富培训主导性的内容，两者相互依存、相互促进、共同发展。

（4）注意科学化的培训方法

传统的企业培训从“本本”出发，沿袭常规不变的教条；而当今时代的员工培训从目标设计到具体实施都经过科学的评估和实验过程，是经过反复论证筛选的结果。科学化的培训方法表现在普遍使用各种较先进的科技来辅助培训，用计算机来处理分析有关资料；也表现在培训观念更新和实践领域的通俗化上。

2. 员工培训的常用方法

随着企业员工培训理论的不断发展和深入，企业对员工培训的方法也变得日趋多样和成熟。员工培训主要的方法有授课法、研讨法、案例法、工作轮换法、户外拓展、视听教学法等。企业培训方式的选择对培训效果有直接影响，因此，对不同的培训对象和培训内容，必须选择不同的培训方法，才能达到企业员工培训的目的。

（1）授课法

授课法是最普遍的员工培训方法，是通过讲师的语言和演示，向员工传授知识和技能。授课法具有方便实施、效率高的特点。在实施授课法时，企业员工培训的内容要符合企业和员工的需求，并考虑员工的接受能力。讲师的选择也是关键，要选择专业经验丰富的授课老师。

（2）研讨法

研讨法是员工培训的重要方法之一，是鼓励员工就所学知识提问、探讨的一种培训方式。通过员工之间的交流来解决学习和生产中存在的问题，有助于巩固理解学习的知识，培养员工的综合能力和解决问题的能力。

（3）案例法

案例法源自国外大学的教学模式，是研讨教学法的延伸。这种方法的主要优点是鼓励员工认真思考、主动参与，并发表个人见解和体会，可以培养员工的表达能力、合作精神。案例法的重点在于如何提高员工培训效果，难点在于教学案例的开发。

（4）工作轮换法

工作轮换法是将员工调到另一个工作岗位去工作，也叫“轮岗培训”。工作轮换法能帮助员工理解多种工作环境，扩展员工的工作经验，适合于培训综合性管理人员。

（5）户外拓展

户外拓展主要是利用有组织的户外活动来培训团队协作能力。这种方法适用于培训与团队效率有关的技能，如自我意识、问题解决、冲突管理和风险承担。户外拓展培训的方式一般是团体性的体育活动或游戏，如登山、野外行军、攀岩、走木桩、翻越障碍及各种专门设计的游戏。企业员工培训方案如果采取户外拓展，一定要有针对性，要通过活动来达到培训员工的目的。

（三）培训内容的选取

1. 培训内容选取的原则

（1）学以致用

企业培训与社会办学不同，社会办学强调的是强化基础、宽化专业，这是因为学生毕业后面对的是整个社会，大多数人很难匹配到狭义上的“对口专业”，只有具备了扎实的基础知识和宽广的专业面，才能较从容地面对就业。而在企业中，每一个员工都有自己的工作岗位，所要适应的知识和技能有一个基本确定的范围。因此，企业对员工的培训应该围绕着这个范围来展开。这样，员工学得会、用得上、见效快，企业成本也低，从而实现成本收益的最优化。

（2）培训的结果对企业和员工都有利

在培训活动中，企业投入的是人、财、物等资源，目的是提升企业的技术能力、产品质量和生产效率，进而提高企业在市场上的竞争力；员工投入的是时间、精力，目的是提升自身的素质和工作技能，赢得尊重，为日后更换工作岗位、晋升、加薪做好准备。

（3）内容丰富、形式多样

在企业中，员工的职系分工不同，应用的知识、技能随之不同；员工的职位层级不同，应用知识、技能的深浅程度也不同。为使每一个员工都得到有针对性的培训，必须有丰富的培训内容。员工培训绝不可理解为单调地上课。根据培训的对象、目的、周期、培训人数等，培训可采用军体训练、讲课讲座、办短训班或集训队、跟班学习、班组研讨会、外派学习、师父带徒弟、户外活动等多种形式进行。

2. 新员工培训的主要内容

新员工的岗前培训是最常见的企业培训之一。与一般的企业员工培训不同，新员工培训主要侧重于两方面：首先，帮助新员工熟悉企业的工作环境，让他们轻松愉快地成为企业中的一员；其次，使新员工了解必要的知识和技能，了解公司的运作程序，使他们熟悉公司的设施和他们的岗位责任。

3. 在职员工培训的主要内容

在企业培训中，对在职员工的培训约占整个企业培训工作量的 80% ～ 90%。在职员工不仅人数众多、培训需求千差万别、现有水平参差不齐，而且这种培训需要长期持续不断、逐步深入地进行。因此，对企业在职人员培训内容的确定，是做好企业培训工作关键之一。在职员工培训主要侧重于对新知识、新技术的培训。

第四节　培训效果评估

一、培训效果评估的作用

在企业培训的某一项目或某一课程结束后，一般要对培训效果进行一次总结性的评估或检查，以便找出受训者究竟有哪些方面的收获与提高。

培训效果评估是一个完整的培训流程的最后环节，它既是对整个培训活动实施成效的评价与总结，同时评估结果又为下一个培训活动确定培训需求提供了重要信息，是以后培训活动的重要输入。在运用科学的方法和程序获取培训活动的系统信息前提下，培训效果评估能够帮助企业决策者做出科学的决策，提高培训项目的管理水平，并确保培训活动实现所制定的目标。

（一）培训效果评估是整个培训系统模型的重要组成部分

在整个培训系统中，培训效果评估是一个非常重要的组成部分。没有培训效果评估，整个培训系统将不完整。一个完整的培训系统模型，应该从组织、工作和个人三方面进行分析，确定培训需求；然后进行培训目标的确定，通过确定培训目标，可以确定培训的对象、内容、时间和方法等；接下来是进行培训计划的拟订，这是培训目标的具体化和操作化；下一步是实施培训活动；最后一步便是培训效果评估。在进行评估时，通过对整个培训项目的成本收益或存在的问题进行总结，为下次培训项目的开展和改进提供有力的帮助。

（二）培训效果评估是培训循环系统的一个关键环节

培训过程应该是一个系统性的循环过程。在这个循环系统中，培训效果评估同样是整个过程的重要环节，属于独立的核心部分，是整个培训系统的一部分，而不是一个孤立的环节，它的变化将影响许多其他子系统的变化。培训效果评估在整个培训系统中有重要的地位，它会给培训过程其他环节带来益处。

（三）培训效果评估可以提高培训的地位

企业培训不同于学校教育。学校教育是一种文化活动，其宗旨是提高全民文化素质，而不要求立即获得现实的经济利益。但是，企业培训通常由企业自身承担，需要消费企业的稀缺资源。培训效果评估能够反映出培训对企业的作用，同时也充分体现出人力资源部门在组织中的重要作用。特别是在评估中采用一些定量指标进行分析，能够让组织中的每个员工和管理者看到培训投资的有效性，证明培训投资决策的正确性。提高组织管理者对培训的重视，加大对培训的投入。

二、培训效果评估的内容

有关培训效果评估的最著名模型是由柯克帕特里克（Donald. L.Kirkpatrick）提出的。从评估的深度和难度看，柯克帕特里克的模型包括反应层、学习层、行为层和结果层四个层次，如表 3-5 所示，这也是培训效果评估的主要内容。人力资源培训人员要确定最终的培训评估层次和内容，因为这将决定要收集的数据种类。

表 3-5　柯克帕特里克四层次评估标准框架

层次	标准	重点
1	反应层	受训者满意程度
2	学习层	知识、技能、态度、行为方式等方面的收获
3	行为层	受训者在工作中行为的改进
4	结果层	受训者在培训后获得的绩效

（一）反应层评估

反应层评估是指受训人员对培训项目的看法，包括对材料、讲师、设施、方法和内容等的看法，这些反应可以作为评估培训效果的内容和依据。反应层评估的主要方法是问卷调查。问卷调查是在培训项目结束时，收集受训人员对培训项目的效果和有用性的反应，受训人员的反应对重新设计或继续培训项目至关重要。反应问卷调查易于实施，通常只需要几分钟的时间。

（二）学习层评估

学习层评估是目前最常见也最常用到的一种评价方式。它是测量受训人员对原理、事实、技术和技能的掌握程度。学习层评估的方法包括笔试、技能操练和工作模拟等。培训组织者可以通过笔试、绩效考核等方法来了解受训人员培训后在知识以及技能方面有多大程度的提高。

（三）行为层评估

行为层评估往往发生在培训结束后的一段时间，由上级、同事或客户观察受训人员，确定其行为在培训前后是否有差别，他们是否在工作中运用了培训中学到的知识。这个层次的评估可以包括受训人员的主观感觉、下属和同事对其培训前后行为变化的对比，以及受训人员本人的自评。这种评价方法要求人力资源部门与职能部门建立良好的关系，以便不断获得员工的行为信息。

（四）结果层评估

结果层评估上升到组织的高度，即评估组织是否因为培训而经营得更好。这可以通过一些指标来衡量，如事故率、生产率、员工流动率、质量、员工士气以及企业对客户的服务等。通过对这些组织指标的分析，企业能够了解培训带来的收益。例如人力资源开发人员可以通过比较培训前后事故率，分析事故率的下降有多大程度归因于培训，确定培训对组织整体的贡献。

三、培训效果评估的方法

（一）培训效果的定性、定量评估方法

1. 培训效果的定性评估方法

培训效果的定性评估方法是指评估者在调查研究、了解实际情况的基础之上，根据自

己的经验和相关标准，对培训效果做出评价的方法。这种方法的特点在于评估的结果只是一种价值判断，如“培训整体效果较好”“培训讲师教学水平很高”之类的结论，因此它适合于对不能量化的因素进行评估，如员工工作态度的变化。目前国内大多数企业采用这种培训评估方法。

2. 培训效果的定量评估方法

定性评估方法只能对培训活动和受训人员的表现做出原则的、大致的、趋向性的判断，而定量评估方法能对培训作用的大小、受训人员行为方式改变的程度及企业收益多少给出数据解释，通过调查统计分析来发现和阐述行为规律。从定量分析中得到启发，然后以描述形式来说明结论，这在行为学中是常见的处理方法。

（二）培训效果评估的主要技术方法

培训效果评估技术通过建立培训效果评估指标及评估体系，对培训的成效进行检查与评价，把评估结果反馈给相关部门。它可作为下一步培训计划与培训需求分析的依据之一。以下介绍几种培训效果评估的技术方法：

1. 目标评价法

目标评价法要求在制订培训计划时，将受训人员完成培训计划后应学到的知识、技能，应改进的工作态度及行为，应达到的工作绩效标准等目标列入其中。培训课程结束后，应将受训者的测试成绩和实际工作表现与既定培训目标相比较，得出培训效果，作为衡量培训效果的根本依据。目标评价法操作成功的关键在于确定培训目标，所以在培训实施之前企业应制定具有可确定性、可检验性和可衡量性的培训目标。

2. 绩效评价法

绩效评价法是由绩效分析法衍生而来的。它主要用于评估受训者行为的改善和绩效的提高。绩效评价法要求企业建立系统而完整的绩效考核体系。在这个体系中，要有受训者培训前的绩效记录。在培训结束 3 个月或半年后，对受训者再进行绩效考核时，只有对照以前的绩效记录，企业才能明确地看出培训效果。

3. 关键人物评价法

所谓的关键人物是指与受训者在工作上接触较为密切的人，可以是他的上级、同事，也可以是他的下级或者顾客等。有研究发现，在这些关键人物中，同级最熟悉受训者的工作状况，因此，可采用同级评价法，向受训者的同级了解其培训后的改变。这样的调查通常很容易操作，可行性强，能够提供很多有用信息。

4. 测试比较法

无论是国内的学者还是国外的学者，都将员工通过培训学到的知识、原理和技能作为企业培训的效果。测试比较法是衡量员工知识掌握程度的有效方法。在实践中，企业会经常采用测试法评估培训效果，但效果并不理想，原因在于没有加入任何参照物，只是进行简单的测试，而有效的测试法应该是具有对比性的测试比较评价法。

5. 收益评价法

企业的经济性特征迫使企业必须关注培训的成本和收益。培训收益评价法就是从经济角度综合评价培训项目，计算出培训为企业带来的经济收益。

这五种培训效果评估方法，一般可以多种方法联合使用。企业在操作中，可以利用一些常用的工具，如问卷调查、座谈会、面谈、观察等，取得相关数据，再将两组或多组不同的数据进行分析比较。

第四章　绩效管理

第一节　绩效管理概述

一、绩效

（一）绩效的含义

从管理学的视角来看，绩效是组织期望的结果，是组织为实现其目标而展开的、在不同层次上的有效输出，它包括个人绩效和组织绩效。

目前对绩效的界定主要有三种观点：一种观点认为绩效是结果；另一种观点认为绩效是行为；再一种观点则强调员工潜能与绩效的关系，关注员工素质，关注未来发展。

在实际应用中，对绩效的理解可能是以上三种认识中的一种，也可能是对各种绩效概念的综合平衡。一般而言，人们在实践中对绩效有以下五种理解，见表 4-1 所示：

表 4-1　绩效定义适用情况对照表

绩效的含义	适应的对象	适应的企业或阶段
1. 完成了工作任务	体力劳动者 事务性或例行性工序的人员	
2. 结果或产出	高层管理者 销售、售后服务等可量化工作性质的人员	高速发展的成长型企业，强调快速反应，注重灵活、创新的企业
3. 行为	基层员工	发展相对缓慢的成熟型企业，强调流程、规范、规则的企业
4. 结果 + 过程（行为／素质）	普遍适用各类人员	
5. 做了什么（实际收益）+ 能做什么（预期收益）	知识工作者，如研发人员	

不同绩效观的优缺点见表 4-2。

表 4-2　不同绩效观的优缺点比较

比较	优点	缺点
注重结果／产出	1. 鼓励大家重视产出，容易在组织中营造"结果导向"的文化与氛围 2. 员工成就感强，以"胜败论英雄" 3. 在形成结果前不会发现不正当行为	1. 当出现责任人不能控制的外围因素时，评价失效 2. 无法获得个人活动信息，不能进行指导和帮助 3. 容易导致短期效应
注重过程／行为	能及时获得个人活动信息，有助于指导和帮助员工	1. 成功的创新者难以容身 2. 过分强调工作的方法和步骤 3. 有时忽视实际的工作成果

一般来讲，不同的企业或企业的不同人员对"结果"和"过程"的侧重点不同。

高速发展的企业或行业，一般更重视结果；发展相对平稳的企业或行业，则更重视过程。强调反应速度、注重灵活、创新工作文化的企业，一般更强调"结果"；强调流程、规范、规则工作文化的企业，一般更强调"过程"。具体到企业不同类别的人员、不同层次的人员，层级越高，越以结果为主；层级越低，越以过程或行为为主，所谓"高层要做正确的事，中层要把事做正确，基层要正确地做事"，讲的就是这个道理。

（二）绩效的性质

绩效的性质中值得强调的是它的多因性、多维性与动态性三个特点。

绩效的多因性，是指绩效的优劣不只取决于单一因素，而要受制于主、客观的多种因素影响，其中主要的影响因素有激励、技能、环境与机会四个因素。前两者是员工自身的主观性影响因素；后两者则是客观性影响因素。可用如下公式表示：

$$P=f\ (\mathrm{S},\ \mathrm{O},\ \mathrm{M},\ \mathrm{E})$$

式中，P 表示绩效，S 表示技能，O 表示机会，M 表示激励，E 表示环境。此公式说明，绩效是技能、激励、机会与环境四变量的函数。

绩效的另一特性是多维性，即须沿多种维度或从多方面去分析与评估。例如，一名工人的绩效，除了产量指标完成情况外，质量、原材料消耗、能耗、出勤，甚至团结、服从、纪律等硬、软件方面，都须综合考虑，逐一评估，尽管各维度可能权重不等，使得绩效评估的侧重点会有所不同。

绩效的第三个特点是它的动态性，即员工的绩效是会变化的，随着时间的推移，绩效差的可能改进转好，绩效好的也可能退步变差，因此管理者不可凭一时印象，以僵化的观点看待下级的绩效。

总之，管理者对下级的考察应该是全面的、发展的、多角度的和权变的，力戒主观、片面和僵化。

二、绩效考核

（一）绩效考核的含义

绩效考核是指考评主体对照工作目标或绩效标准，采用科学的考评方法，评定员工的工作任务完成情况，并将员工的工作职责履行程度和员工的发展情况，以及评定结果反馈给员工的过程。

（二）绩效考核的应用现状及不足

在不同的组织中，都在进行着绩效考核。有时它可能只是走过场，有时它又变得非常重要，其考核结果直接决定晋升、奖金、出国培训等机会的分配。员工和管理者不喜欢绩效考核有三方面原因：

第一，绩效考核本身的性质决定了它是一个容易使人焦虑的事情。

第二，绩效考核目的不明确。

第三，绩效考核结果不理想时的绩效考核工作更加难以开展。

就人力资源管理的所有职能来说，如果缺乏高级管理层的支持，评估计划不会成功。此外，还有其他一些原因致使考核程序不能达到预期的效果，比如，①经理人员认为对评估计划投入时间和精力只会获得很少的收益，甚至没有收益；②经理人员不喜欢面对面的评估会谈方式；③经理人员不擅长提供以前评估方面的反馈信息；④经理人员在评估中扮演的法官角色与其在员工发展方面扮演的帮助者角色相矛盾。

人们不喜欢绩效考核，就是因为这种传统意义上的绩效考核在理论上和时间上都存在一些问题，即过分地把员工的绩效改善和能力的不断提高依赖奖惩制度，因此带来的消极影响主要表现在：

第一，员工改善绩效的动力来源于利益的驱使和对惩罚的惧怕。

第二，过分依赖制度而削弱了组织各级管理者在改善绩效方面的责任。

第三，单纯依赖定期的绩效评估而忽略了对各种过程的控制和督导。

第四，由于管理者的角色是“警察”，考核就是要挑员工的毛病，因此造成管理者与员工之间的冲突和对立。

第五，这种只问结果不问过程的管理方式不利于培养缺乏经验和工作能力的资历较浅的员工。当员工发现无法达到工作标准的时候会自暴自弃，放弃努力，或归因于外界或其他人。

第六，当工作标准不能确切衡量时，导致员工规避责任。

第七，员工产生对优秀业绩者的抵触情绪，使得优秀业绩者成为被攻击的对象。

三、绩效管理

（一）绩效管理的含义

绩效管理是指为了实现组织发展战略目标，采用科学的办法，通过对员工个人或组织的综合素质、态度行为和工作业绩的全面监测分析与考核评定，不断激励员工提高综合素质，改善组织行为，充分调动员工的积极性、主动性和创造性，挖掘其潜力的活动过程。

（二）绩效管理的功能

1. 绩效管理对企业的功能

（1）诊断功能

绩效管理是企业各个职能和业务部门主管的基本职责，在绩效目标明确的前提下，不但需要对企业中每个成员的活动进行跟踪，及时沟通和分析、反馈绩效管理信息，而且要及时发现企业中存在的共性问题，采用科学的方法进行组织诊断。通过调查掌握企业组织机构的现状及其存在的问题，并对照工作岗位说明书、管理业务流程图等文件，进行组织职能分析、组织关系分析和决策分析，找出组织中存在的问题症结所在，指出有哪些部门、流程、程序、授权和协作关系需要改进和调整，从而为组织的变革和发展提供依据。

（2）监测功能

有效的绩效管理体系的运行，可以显示出企业中从高层领导到中层管理人员甚至一线员工的工作情况；可以显示出从劳动环境、生产条件、技术装备、工作场地等硬件条件，到企业文化、经营理念、领导方式、工作方法、工时制度等软件方面的实际运行情况。在企业绩效管理的过程中，各级主管必须对人力、物力和财力等资源的配置及实际运行情况，进行及时的测定和监督，才能达到有效的组织、协调和控制，从而实现预定的绩效目标。

（3）导向功能

绩效管理的基本目标是不断改善企业氛围，提高企业整体效率和经济效益，促进员工与企业的共同发展。要达到这一目标，各级主管在企业绩效管理的过程中，应该充分发挥绩效管理的导向功能，通过积极主动的绩效沟通和面谈，采用科学的方法从不同需求出发，激励和诱导下属，使其朝着一个共同的目标努力学习、积极进取。

（4）竞争功能

绩效管理总是与企业的薪酬奖励、晋升等制度密切相关。绩效优秀的员工不但会受到奖励，还可能会获得晋升，为全体员工树立工作的榜样；同时，那些落后的、工作绩效不佳的员工也可能受到一定程度的批评或处罚。无论是受奖还是受罚，员工都会产生某种触动和鞭策，在组织中形成竞争的局面。这种员工之间的相互比赛和竞争，势必有助于组织的发展和目标的实现，使企业和员工同时受益。

2. 绩效管理对员工的功能

（1）激励功能

绩效管理可以充分肯定员工的工作业绩，能使员工体验到成功的满足感与成就的自豪感，有利于鼓励先进、鞭策落后、带动中间，从而对每个员工的工作行为进行有效的激励。

（2）规范功能

绩效管理为各项人力资源管理工作提供了一个客观而有效的标准和行为规范，并依据这个考核的结果对员工进行晋升、奖惩、调配等。通过不断的考核，按照标准进行奖惩与晋升，会使企业形成按标准办事的风气，促进企业的人力资源管理标准化。

（3）发展功能

绩效管理的发展功能主要表现在两方面：一方面是组织根据考核结果可以制订正确的培训计划，达到提高全体员工素质的目标；另一方面又可以发现员工的特点，根据员工特点决定培养方向和使用办法，充分发挥个人长处，将个人和组织的发展目标有效地结合起来。

（4）控制功能

通过绩效管理，不仅可以把员工工作的数量和质量控制在一个合理的范围内，而且还可以控制工作进度和协作关系，从而使员工明确自己的工作职责，按照既有制度和规定做事，提高工作的自觉性和纪律性。

（5）沟通功能

绩效考核结果出来以后，管理者将与员工谈话，说明考核的结果，听取员工的看法与申诉。这样就为上下级提供了一个良好的沟通机会，使上下级之间相互了解，并增进相互间的理解。

（三）绩效管理与绩效考核的区别与联系

绩效管理是一个完整的系统，绩效考核只是这个系统中的一部分。绩效管理是一个过程，注重过程的管理；而绩效考核是一个阶段性的总结。绩效管理具有前瞻性，能帮助企业前瞻性地看待问题，有效规划企业和员工的未来发展方向；而绩效考核则是回顾过去的一个阶段的成果，不具备前瞻性。绩效管理有着完善的计划、监督和控制的手段和方法，而绩效考核只是提取绩效信息的一个手段。绩效管理注重能力的培养，而绩效考核则只注重成绩的好坏。绩效管理能建立经理与员工之间的绩效合作伙伴关系，而绩效考核则使经理与员工站到了对立的两面，距离越来越远，甚至会制造紧张的气氛和关系。

第二节 绩效管理流程

绩效管理的流程通常可以被看作是一个循环，这个循环分为五步：绩效计划与指标体系构建、绩效管理的过程控制、绩效考核与评价、绩效反馈与面谈以及绩效考核结果的应用。

一、绩效计划与指标体系构建

（一）绩效计划

绩效计划是一个确定组织对员工的绩效期望并得到员工认可的过程。绩效计划必须清楚地说明期望员工达到的结果以及达到该结果时期望员工表现出来的行为及技能。

（二）制订绩效计划的步骤

绩效计划通常是管理者和员工进行双向沟通后得到的结果，这种计划的制订需要经过一些必要的准备，对管理者和员工来说均是如此，否则就难以得到理想的结果。这种准备包括：

第一，组织战略目标和发展规划。

第二，年度企业经营计划。弥补长期计划对员工现在工作激励性的不足。

第三，业务单元的工作计划。直接从年度经营计划中分解出来，与业务单元的职能相联系，同员工的绩效标准紧密相关。

第四，团队计划。采用这种形式使得小单元内的目标责任更加明确和具体，这也更有利于个人绩效计划的制订。

第五，个人职责描述。个人职责描述规定了员工在自己的职责上应该干什么，而绩效计划则指出了完成这些任务应该达到的标准，两者是紧密相连的。

第六，员工上一个绩效周期的绩效考核结果。据之以更改新的绩效计划。

（三）指标体系构建

1. 绩效指标分类

常见的分类有以下几种：“特质、行为、结果”三类绩效指标、结果指标与行为指标。

（1）特质、行为、结果三类绩效指标

表 4-3　特质、行为、结果三类绩效指标比较一览表

	特质	行为	结果
适用范围	适用于对未来的工作潜力做出预测	适用于评价可以通过单一的方式或者程序化的方式实现的岗位	适用于评价那些可以通过多种方法达到绩效标准或绩效目标的岗位
不足	1.没有考虑情境因素，通常预测效度较低 2.不能有效地区分实际工作绩效，使员工容易产生不公平感 3.将注意力集中在短期内难以改变的人的特质上，不利于改进绩效	1.需要对那些同样能够达到目标的行为方式进行区分，以选择真正适合组织需要的方式，这一点比较困难 2.当员工认为其工作重要性较小时意义不大	1.结果有时候不完全受评价对象的控制 2.容易使评价对象为了达到一定的结果而不择手段，使组织在获得短期效益的同时丧失了长期利益

从表 4-3 可以看出，特质类指标关注的是员工的素质与发展潜力，在选拔性评价中更为常用；行为类绩效指标关注的是绩效实现的过程，适用于通过单一程序化的方式达到绩效目标的职位；结果类指标更多地关注绩效结果或绩效目标的实现程度。

（2）结果指标与行为指标

在评价各级员工已有的绩效水平时，通常采用的绩效指标有两类：结果指标与行为指标。

结果指标一般与公司目标、部门目标以及员工的个人目标相对应，如成本降低 30%，销售额提高 3% 等。行为指标一般与工作态度、协调能力、合作能力、知识文化水平、发展潜力等指标相对应。

由于企业中高层员工能够更加直接地对企业的关键绩效产生影响，在企业的各个管理阶层中，越是处于“金字塔”的顶层，其绩效评价中的结果指标就越多，行为指标就越少；而越是在“金字塔”的底层，其绩效评价中的结果指标就越少，行为指标就越多。

不过，结果指标通常只反映部门和员工过去的工作绩效。如果只关注结果指标，容易使企业忽略那些影响其长期发展的因素。因此，在设计绩效评价指标时，要将结果指标与行为指标结合使用。

2. 绩效指标体系的设计原则

绩效指标体系的设计需要考虑两方面的问题：对绩效指标的选择和各个指标之间的整合。因此，要建立一个良好的绩效指标体系，需要遵循以下五项原则：

第一，以定量指标为主、定性指标为辅的基本原则（不适用所有职位）。

第二，少而精的原则。

第三，可测性原则。

第四，独立性与差异性原则。

第五，目标一致性原则。

绩效评价的目的和被评价人员所承担的工作内容和绩效标准成为绩效评价指标的选择依据。另外，从评价的可操作性角度考虑，绩效指标的选择还应该考虑取得所需信息的便利程度，从而使设计的绩效指标能够真正得到科学、准确的评价。

3. 绩效指标体系的框架

绩效目标、绩效指标与绩效标准显然是有层次的。绩效指标体系的层次表现在企业、部门和职位三个层次的绩效指标上。

企业的绩效考核指标也包含三个层面：企业层面、部门层面和职位层面。企业层面的绩效指标主要是依据企业的关键绩效领域和企业的战略目标或企业层面的绩效目标制定的。将企业层面的绩效指标向下逐层分解，就可以得到部门层面和职位层面的绩效指标。

4. 建立绩效指标体系的基本步骤

建立企业绩效指标体系需要以下四个基本步骤：

第一，通过工作分析与业务流程分析确定绩效评价指标。

第二，粗略划分绩效指标的权重。

第三，通过各个管理阶层员工之间的沟通确定绩效评价指标体系。

第四，修订（考评前修订、考评后修订）。

5. 与绩效指标相对应的绩效标准

制定绩效指标与标准往往是一起进行的。一般来说，绩效指标是指企业要从哪些方面对工作产出进行衡量或评估，而绩效标准是指企业在各个指标上应该分别达到什么样的水平。也就是说，指标解决的是企业需要评价“什么”才能实现其战略目标，而标准关注的是被评价的对象需要在各个指标上做得“怎样”或完成“多少”。

二、绩效管理过程控制

（一）绩效管理过程控制存在的一些误区

（1）过于强调近期绩效；

（2）根据自我感觉，感情用事；

（3）误解或混淆绩效标准；

（4）缺少足够的、清晰的绩效记录资料；

（5）没有足够的时间讨论；

（6）管理者说得太多；

（7）缺少后续行动和计划。

（二）持续的绩效沟通

持续绩效沟通的内容：

（1）以前工作开展的情况怎样？

（2）哪些工作做得很好？

（3）哪些地方需要纠正或改善？

（4）员工是在努力实现工作目标吗？

（5）如果偏离目标的话，管理者应该采取什么纠正措施？

（6）管理者能为员工提供何种帮助？

（7）是否有外界发生的变化影响着工作目标？

（8）如果目标需要改变，如何进行调整？

三、绩效考核与评价

绩效考核是绩效管理活动的中心环节，是考核者与被考核者双方对考核期内的工作绩效进行全面回顾和总结的过程。

（一）绩效考核技术

绩效评估的方法按照评估标准的类型，可以分为特征导向评估法、行为锚定等级评价法和结果导向评估法。

1. 特征导向评估法

特征导向评估法主要是图解式考核法。图解式考核法也称图尺度考核法。图解式考核法主要是针对每一项评定的重点或考评项目，预先订立基准，包括以不同段分数表示的尺度和依等级间断分数表示的尺度，前者称为连续尺度法，后者称为非连续尺度法，实际运用中常以后者为主。

2. 行为锚定等级评价法

行为锚定等级评价法是传统业绩评定表和关键事件法的结合。在行为锚定等级评价法中，不同的业绩水平会通过一张等级表反映出来，并且根据一名员工的特定工作行为被描述出来。行为锚定等级评价法更便于在考核时进行讨论。

行为锚定等级评价表的开发过程：首先，行为锚定式考核量表始于工作分析，使用关键事件技术；其次，事件或行为依据维度加以分类；最后，为每一维度开发出一个考核量表，用这些行为作为锚来定义量表上的评分。

行为锚定等级评价法的优点在于工作绩效计量更为准确，工作绩效考核标准更为明确，具有良好的反馈功能，各种工作绩效考核要素之间具有较强的相互独立性。缺点则是考核者容易在选择项上难以抉择。

3. 结果导向评估法

结果导向评估法主要包括以个人绩效合约为基础的绩效考核法及产量衡量法。

（1）个人绩效合约法

个人绩效合约法借用了目标管理的核心思想，强调员工绩效目标的实现以及员工对组织目标达成的具体承诺。

（2）产量衡量法

产量衡量法指纯粹通过产量来衡量绩效的方法，如对销售人员，衡量其销售量和销售额；对生产工人，衡量其生产产品的数量。

4. 总结

下面以表 4-4 对各种评估方法的比较结果进行了归纳总结。

表 4-4 特征、行为、结果导向的评估方法优劣势对比

	优势	劣势
特征导向评估法	1. 成本较低 2. 绩效指标比较有意义 3. 使用方便	1. 产生错误评估的可能性较大 2. 对员工的指导效应较小 3. 不适合用于奖励的分配 4. 不适合用于晋升的决策
行为锚定等级评价法	1. 绩效指标比较具体 2. 员工和主管都比较容易接受 3. 有利于提供绩效反馈 4. 借此做出的奖励和晋升决策较公平	1. 建立和发展此方法可能较费时间 2. 成本较高 3. 有可能产生错误评估
结果导向评估法	1. 主观偏见少 2. 员工和主管都容易接受 3. 把个人的绩效和组织的绩效联系起来 4. 鼓励共同设定目标 5. 利于做出奖励和晋升决策	1. 建立和发展此方法很费时间 2. 可能会鼓励只看短期的行为 3. 可能使用被污染的标准 4. 标准可能不完整

（二）考核主体

按照绩效考核对象的不同，将绩效考核主体分为员工本人、上级、同级、下级、外部人员对员工自身在考核周期内可观察到的具体行为进行评定五种类型。

1. 上级考核

由被考核者的上级作为考核主体有许多优点，上级对被考核者承担着直接领导、管理与监督责任，对下属是否完成工作任务、是否达到预定的目标等工作情况比较了解，而且上级作为考核主体，有助于实现管理目标，保证管理的权威。所以在绩效考核中往往由上级作为考核的主体，其考核的分数对被考核者的考核结果影响很大，约占 60% ～ 70%。上级考核的缺点在于考核的信息来源比较单一，容易产生个人偏见。

2. 同级考核

被考核者的同事与被考核者共事，密切联系，相互协作，相互配合。被考核者的同事往往比上级能更清楚地了解被考核者，他们的参与避免了个人的偏见，而且有助于促使员工在工作中与同事相互配合。同级考核也有一定的缺点：人际关系的因素会影响考核的公正性，和自己关系好的就给高分，关系不好的就给低分；也有可能协商一致，相互给高分；还有可能造成相互的猜疑而影响同事的关系。所以在绩效考核中，同级的考核结果占有一定的份额，但不会过大，在 10% 左右。

3. 下级考核

用下级作为考核主体，他们作为被考核者的下属，对其工作作风、行为方式、实际成果有比较深入的了解，对被考核者的各方面有亲身的感受，所以他们作为考核主体的优点是：可以促使上级关心下级的工作，建立融洽的工作关系；容易发现上级在工作方面存在的问题。缺点是：由于顾及上级的反应，往往心存疑虑，不敢真实反映情况；有可能削弱上级的权威，造成上级对下级的迁就。所以其评定结果在总体评价中一般控制在10%左右。

4. 自我考核

让员工本人作为考核的主体，优点是能调动员工本人的积极性，增加员工的参与感，加强员工的自我开发意识和自我约束意识，有助于员工接受考核结果。缺点是员工对自己的评价往往容易偏高，当自我考核与其他主体考核差异较大时，容易引起矛盾。其评定结果在总体评价中一般控制在 10% 左右。

5. 外部人员考核

外部人员考核即让员工服务的对象来对员工的绩效进行考核，这里的服务对象是部门或者小组以外的人员，不仅包括外部客户，还包括内部客户。外部人员考核有助于员工更加关注自己的工作结果，提高工作质量。缺点是外部人员可能不太了解被考核者的实际情况，更侧重于员工工作的结果，不利于对员工进行全面的评价。实际考核过程中，在采用这种形式时应当慎重考虑。

（三）绩效考核的时间

绩效考核的时间跨度可以根据具体情况和实际需要而定，可以进行月度考核、季度考核、半年考核和年度考核。在决定绩效考核的时间时，考核者需要考虑两个问题，即考核时间和考核频率。

考核的时间指什么时候进行考核，考核的频率指多长时间考核一次。

绩效考核的时间取决于实际工作的需要和员工的类型。经常进行绩效考核有助于及时发现工作中的问题，采取措施提高绩效。但是绩效考核周期不宜过长，否则会造成人力、物力、财力的浪费，还会影响员工的正常工作，给员工带来心理负担，不利于改进绩效，并使大家觉得考核作用不大，可有可无，结果使考核流于形式。对一线工人的绩效考核可以相对频繁一些，以便及时发现工作的优点与不足，并采取适当的补救措施提高绩效；对技术人员和高级管理人员来说，其工作绩效需要较长的时间才能显露出来，所以对他们的绩效考核次数可以少一些。

四、绩效反馈与面谈

绩效反馈是绩效管理的最后一步，是由员工和管理人员一起，回顾和讨论考评的结果。如果不将考评结果反馈给被考评的员工，考核将失去其极为重要的激励、奖惩和培训的功能，因此，绩效反馈对绩效管理起到至关重要的作用。

（一）绩效反馈的定义

绩效反馈是绩效管理的一个重要环节，它主要通过考核者与被考核者之间的沟通，就被考核者在考核周期内的绩效情况进行反馈，在肯定成绩的同时，找出工作中的不足并加以改进。

（二）绩效面谈的内容

绩效面谈的内容应围绕员工上一个绩效周期的工作开展，一般包括四方面的内容。

1. 工作业绩

工作业绩的综合完成情况是考核者进行绩效面谈时最为重要的内容，在面谈时应将评估结果及时反馈给被考核者，如果被考核者对绩效评估的结果有异议，则需要和下属一起回顾上一绩效周期的绩效计划和绩效标准，并详细地向下属介绍绩效评估的理由。通过几次绩效结果的反馈，总结绩效达成的经验，找出绩效未能达成的原因，为以后更好地完成工作打下基础。

2. 行为表现

除了绩效结果以外，主管还应关注被考核者的行为表现，比如工作态度、工作能力等，对工作态度和工作能力的关注可以帮助被考核者更好地完善自己，提高技能，也有助于帮助员工进行职业生涯规划。

3. 改进措施

绩效管理的最后总目的是改善绩效。在面谈过程中，对被考核者未能有效完成的绩效计划，考核者应该和被考核者一起分析绩效不佳的原因，并设法帮助下属提出具体的绩效改进措施。

4. 新的目标

绩效面谈作为绩效管理流程中的最后环节，考核者应该在这个环节中结合上一个绩效周期的绩效计划完成情况，并结合被考核者新的任务，和被考核者一起提出下一个绩效周期中的新的工作目标和工作标准，这实际上是帮助被考核者一起制订新的绩效计划。

五、绩效考核结果的应用

（一）绩效改进

绩效改进是绩效管理过程中的一个重要环节。传统绩效考核的目的是通过对员工的工作业绩进行评估，将评估结果作为确定员工薪酬、奖惩、晋升或降级的标准。而现代绩效考核的目的不仅局限于此，员工能力的不断提高以及绩效的持续改进才是其根本的目的。绩效改进工作的成功与否，是绩效考核过程能否发挥效用的关键。

绩效改进的指导思想主要体现在以下三方面：

第一，绩效改进是绩效考核的后续工作，所以绩效改进的出发点是对员工实施工作的考核，不能将这两个环节的工作割裂开来考虑。

第二，绩效改进必须自然地融入日常管理工作之中，才有其存在的价值。

第三，帮助下属改进绩效、提升能力，这与完成管理任务一样，都是管理者义不容辞的责任。

（二）薪酬奖金分配

绩效考核结果能够为报酬分配提供切实可靠的依据。企业除了基本工资外，一般都有业绩工资。业绩工资是直接与员工个人业绩挂钩的，这是绩效考核结果的一种普遍用途。它是为了增强薪酬的激励效果，在员工的薪酬体系中部分地与绩效挂钩，薪资的调整也往往由绩效结果来决定。

（三）员工职业发展

将绩效考核结果与员工发展结合起来，可以实现员工发展与部门发展的有机结合，达到本部门人力资源需求与员工职业生涯需求之间的平衡，有利于创造一个高效率的工作环境。绩效考核结果不仅可以为员工的工作配置提供科学依据，还可以为企业对员工进行全面教育培训提供科学依据。

（四）开发员工潜能

从个人发展的角度看，绩效考核结果为评价个人优缺点和提高工作绩效提供了一个反馈的渠道。无论是处在哪个工作层次的员工，绩效考核都有助于帮助其消除潜在的问题，并为员工制订新的目标以达到更高的绩效；有助于为员工制订发展和成长计划，改善员工的工作方式并为提高员工工作效率奠定了一个合理的基础，使管理者在绩效考核中的角色由法官转变为教练，承担起督导与培训责任。建立主管与员工之间的绩效伙伴关系，表现在结合绩效考核结果的现状制订合理的绩效改进计划、实施适合个人发展的职业生涯规划、为员工晋升和培训提供依据，也为奖励和惩罚提供了具体标准。

第三节　绩效考核管理

一、目标管理

（一）目标管理的含义

目标管理是一种科学的管理方法，这种管理方法通过确定目标、制定措施、分解目标、落实措施、安排进度、组织实施、考核等企业自我控制手段来达到管理目的。目标管理的主要特点是它十分注意从期望达到的目标出发，采取能保证管理目的和成果实现的措施，以调动各方面的积极性，使每个人都为达到自己的目标而主动采取各种可能奏效的方式方法，成为管理的主动者，这个特点贯穿于整个目标管理过程。

目标管理是一个反复循环、螺旋上升的管理方式，因而它的基本内容具有一定的周期性，目标管理正是通过管理内容的周而复始，实现管理效果的不断提高。

（二）目标管理的提出

美国管理大师彼得•德鲁克于 1954 年在其名著《管理实践》中最先提出了“目标管理”的概念，随后他又提出“目标管理和自我控制”的主张。德鲁克认为，并不是有了工作才有目标，相反，有了目标才能确定每个人的工作。所以“企业的使命和任务，必须转化为目标”，如果一个领域没有目标，这个领域的工作必然会被忽视。因此，管理者应该通过目标对下级进行管理，当组织最高层次的管理者确定了组织目标后，必须对其进行有效分解，转变成各个部门以及各个员工的分目标，管理者根据分目标的完成情况对下级进行考核、评价和奖惩。

目标管理提出以后，在美国迅速流传。20 世纪 50 年代后西方经济由恢复转向迅速发展的时期，企业亟须采用新的方法调动员工积极性以提高竞争能力，目标管理可谓应运而生，遂被广泛应用。

（三）目标管理的应用

目标管理最为广泛的应用是在企业管理领域。企业目标可分为战略性目标、策略性目标以及方案、任务等。一般来说，经营战略目标和高级策略目标由高级管理者制定；中级目标由中层管理者制定；初级目标由基层管理者制定；方案和任务由职工制定，并同每一个成员的应有成果相联系。将自上而下的目标分解和自下而上的目标期望结合起来，使经营计划的贯彻执行建立在职工的主动性、积极性的基础上，把企业职工吸引到企业经营活动中来。

目标管理方法提出后，美国通用电气公司最先采用，并取得了明显效果。其后，在许多国家和地区得到迅速推广，被公认为是一种加强计划管理的先进科学管理方法。我国从 20 世纪 80 年代初开始在企业中推广目标管理方法，目前采取的干部任期目标制、企业层层承包等，都是对目标管理方法的具体应用。

（四）目标管理的程序

目标管理的具体做法分三个阶段：第一阶段为目标的设置：第二阶段为实现目标过程的管理：第三阶段为测定与评价所取得的成果。

1. 目标的设置

这是目标管理最重要的阶段，这一阶段可以细分为四个步骤：

（1）高层管理预定目标

这是一个暂时的、可以改变的目标预案。既可以由上级提出，再同下级讨论；也可以由下级提出，再申请上级批准。无论哪种方式，首先必须共同商量决定；其次，领导必须根据企业的使命和长远战略，估计客观环境带来的机会和挑战，对本企业的优劣有清醒的认识，对组织应该和能够完成的目标做到心中有数。

（2）重新审议组织结构和职责分工

目标管理要求每一个分目标都有确定的责任主体。因此预定目标之后，需要重新审查现有的组织结构，根据新的目标对分解要求进行调整，明确目标责任者并协调关系。

（3）确立下级的目标

首先下级要明确组织的规划和目标，然后商定自身的分目标。在讨论中上级要尊重下级，平等待人，耐心倾听下级意见，帮助下级发展具有一致性和支持性的目标。分目标要具体量化，以便考核；分清轻重缓急，以免顾此失彼；既要有挑战性，又要有实现的可能。每个员工和部门的分目标要和其他分目标协调一致，支持本单位和组织目标的实现。

（4）上级和下级就实现各项目标所需的条件

分目标制定后，上级要授予下级相应的资源配置的权力，实现权、责、利的统一；由下级写成书面协议，编制目标记录卡片，整个组织汇总所有资料后，绘制出目标图。

2. 实现目标过程的管理

目标管理重视结果，强调自主、自治和自觉。这并不等于上级可以放手不管，相反由于形成了目标体系，一环失误，就会牵动全局。因此，上级在目标实施过程中的管理是不可缺少的。首先要进行定期检查，利用双方经常接触的机会和信息反馈渠道自然地进行；其次要向下级通报进度，便于互相协调；再次要帮助下级解决工作中出现的困难和问题，当出现意外、不可预测事件严重影响组织目标实现时，也可以通过一定的程序，修改原定的目标。

3. 总结和评估

达到预定的期限后，下级首先要进行自我评估，提交书面报告；然后上下级一起考核目标完成情况，决定奖惩；同时讨论下一阶段目标，开始新的循环。如果目标没有完成，应分析原因并总结教训，切忌相互指责，以保持相互信任的气氛。

（五）目标管理的特征

1. 明确目标

研究人员和实际工作者早已认识到制定个人目标的重要性。明确的目标要比只要求人们尽力去做有更高的业绩，而且高水平的业绩和高目标是相联系的。人们注意到，在企业中，目标技能的改善会持续提高生产率。而且，目标制定的重要性并不限于企业，在公共组织中也是有作用的。在许多公共组织里，普遍存在的目标的含混不清对管理人员来说是一件难事，但人们已在寻找解决这种难题的途径。

2. 参与决策

MBO 中的目标不像传统的目标设定那样，单向由上级给下级规定目标，然后分解成子目标落实到组织的各个层次上，而是用参与的方式决定目标，上级与下级共同参与选择、设定各对应层次的目标，即通过上下协商，逐级制定出整体组织目标、经营单位目标、部门目标直至个人目标。因此，MBO 的目标转化过程既是“自上而下”的，又是“自下而上”的。

3. 规定时限

MBO 强调时间性，制定的每一个目标都有明确的时间期限要求，如一个季度、一年、五年，或在已知环境下的任何适当期限。在大多数情况下，目标的制定可与年度预算或主要项目的完成期限一致。但实际上并非必须如此，这主要依实际情况来定。某些目标应该安排在很短的时间内完成，而另一些目标则要安排在更长的时间内完成。同样，在典型的情况下，组织层次的位置越低，为完成任务而设置的时间往往越短。

4. 评价绩效

MBO 寻求不断地将实现目标的进展情况反馈给个人，以便他们能够调整自己的行动。也就是说，下级承担为自己设置具体的个人绩效目标的责任，并具有同他们的上级一起检查这些目标完成情况的责任。因此每个人对他所在部门的贡献就变得非常明确。尤其重要的是，上级要努力鼓励下级按照预先设立的目标来评价业绩，积极参加评价过程，用这种鼓励自我评价和自我发展的方法，鞭策员工对工作的投入，并创造一种激励的环境。

二、关键绩效指标

（一）KPI 的含义

关键绩效指标（Key Performance Indicator，KPI）是通过对组织内部流程的输入端、输出端的关键参数进行设置、取样、计算、分析，衡量流程绩效的一种目标式量化管理指标，是把企业的战略目标分解为可操作的工作目标的工具，是企业绩效管理的基础。KPI 可以使部门主管明确部门的主要责任，并以此为基础，明确部门人员的业绩衡量指标。建立明确的切实可行的 KPI 体系，是做好绩效管理工作的关键。关键绩效指标是用于衡量工作人员工作绩效表现的量化指标，是绩效计划的重要组成部分。

KPI 符合一个重要的管理原理——“二八原理”。在一个企业的价值创造过程中，存在着“80 ／ 20”的规律，即 20% 的骨干人员创造企业 80% 的价值；而且在每一位员工身上“二八原理”同样适用，即 80% 的工作任务是由 20% 的关键行为完成的。因此，必须抓住 20% 的关键行为，并对此进行分析和衡量，这样就能抓住业绩评价的重心。

（二）关键绩效指标的特点

1. 来自对公司战略目标的分解

首先，作为衡量各职位工作绩效的指标，关键绩效指标所体现的衡量内容最终取决于公司的战略目标。当关键绩效指标构成了公司战略目标的有效组成部分或支持体系时，它所衡量的职位便以实现公司战略目标的相关部分作为自身的主要职责。如果 KPI 与公司战略目标脱离，则它所衡量的职位的努力方向也将与公司战略目标的实现产生分歧。

KPI 来自对公司战略目标的分解，其第二层含义在于，KPI 是对公司战略目标的进一步细化和发展。公司战略目标是长期的、指导性的、概括性的，而各职位的关键绩效指标内容丰富，针对职位而设置，着眼于考核当年的工作绩效，具有可衡量性。因此，关键绩效指标是对真正能够驱使公司战略目标实现的具体因素的发掘，是公司战略对每个职位工作绩效要求的具体体现。

最后一层含义在于，关键绩效指标随公司战略目标的发展演变而调整。当公司战略侧重点转移时，关键绩效指标必须予以修正以反映公司战略新的内容。

2. 关键绩效指标是对绩效构成中可控部分的衡量

企业经营活动的效果是内因外因综合作用的结果，其中，内因是各职位员工可控制和影响的部分，也是关键绩效指标所衡量的部分。关键绩效指标应尽量反映员工工作的直接可控效果，剔除他人或环境造成的其他方面的影响。例如，销售量与市场份额都是衡量销售部门市场开发能力的标准，而销售量是市场总规模与市场份额相乘的结果，其中市场总规模是不可控变量。在这种情况下，两者相比，市场份额更体现了职位绩效的核心内容，更适于作为关键绩效指标。

3.KPI 是对重点经营活动的衡量，而不是对所有操作过程的反映

每个职位的工作内容都涉及不同的方面，高层管理人员的工作任务更复杂，但 KPI 只对其中对公司整体战略目标影响较大，对战略目标实现起到不可或缺作用的工作进行衡量。

4.KPI 是组织上下认同的

KPI 不是由上级强行确定下发的，也不是由员工自行制定的，它的制定过程由上级与员工共同参与完成，是双方达成一致意见的体现。它不是以上压下的工具，而是组织中相关人员对职位工作绩效要求的共同认识。

（三）KPI 的作用

KPI 有助于:

第一，根据组织的发展规划／目标计划来确定部门／个人的业绩指标。

第二，监测与业绩目标有关的运作过程。

第三，及时发现潜在的问题及需要改进的领域，并反馈给相应部门／个人。

第四，KPI 输出是绩效评价的基础和依据。

当公司、部门、职位确定了明晰的 KPI 体系后，可以:

第一，把个人和部门的目标与公司整体的目标联系起来。

第二，对管理者而言，阶段性地对部门／个人的 KPI 输出进行评价和控制，可正确引导目标发展。

第三，集中测量公司所需要的行为。

第四，定量和定性地对直接创造利润和间接创造利润的贡献做出评估。

（四）关键绩效指标的 SMART 原则

确定关键绩效指标有一个重要的SMART原则。SMART是5个英文单词首字母的缩写：

S 代表具体（Specific），指绩效考核要切中特定的工作指标，不能笼统；

M 代表可度量（Measurable），指绩效指标是数量化或者行为化的，验证这些绩效指标的数据或者信息是可以获得的；

A 代表可实现（Attainable），指绩效指标在付出努力的情况下是可以实现的，避免设立过高或过低的目标；

R 代表关联性（Relevant），指绩效指标是与上级目标具有明确的关联性，最终与公司目标结合起来；

T 代表有时限（Time-bound），指注重完成绩效指标的特定期限。

（五）确定关键绩效指标的过程

1. 建立评价指标体系

可按照从宏观到微观的顺序，依次建立各级指标体系。首先明确企业的战略目标，找出企业的业务重点，并确定这些关键业务领域的关键绩效指标，从而建立企业级 KPI；接下来，各部门的主管需要依据企业级 KPI 建立部门级 KPI；然后，各部门的主管和部门的 KPI 人员一起再将 KPI 进一步分解为更细致的 KPI。这些业绩衡量指标就是员工考核的要素和依据。

2. 设定评价标准

一般来说，指标指的是应从哪些方面来对工作进行衡量或评价；而标准指的是在各个指标上分别应该达到什么样的水平。指标解决的是需要评价“什么”的问题；标准解决的是要求被评价者做得“怎样”，完成“多少”的问题。

3. 审核关键绩效指标

对关键绩效指标进行审核的目的主要是确认这些关键绩效指标是否能够全面、客观地反映被评价对象的工作绩效，以及是否适合评价操作。

（六）KPI 总结

从组织结构的角度来看，KPI 系统是一个纵向的指标体系：先确定公司层面关注的 KPI，再确定部门乃至个人要承担的 KPI，由于 KPI 体系是经过层层分解的，这样，就在指标体系上把战略落实到“人”了。而要具体落实战略，需要“显性化”，要对每个层面的 KPI 进行赋值，形成一个相对应的纵向的目标体系。所以，在落实战略时有“两条线”：一条是指标体系，即工具；另一条是目标体系，它可利用指标工具得到。当然，目标体系本身还是一个沟通与传递的体系，即使使用 KPI 体系这一工具，具体的目标制定还需要各级管理者之间进行沟通。下级管理者必须参与更高一级目标的制定，由此他才能清楚本部门在更大系统中的位置，也能够让上级管理者更明确对其部门的要求，从而保证制定出适当、有效的子目标。这样，通过层层制定出相应的目标，形成一条不发生偏失的“目标线”，以保障战略有效传递和落实到具体的操作层面。具体到绩效管理的实施上，各部门承担的 KPI 是由战略决定的，但具体到某个年度时，并不需要对其所有承担的 KPI 进行赋值和制定目标。

因为战略目标是相对长期的，而具体到年度时一定会有所偏重，所以要求在选择全面衡量战略的 KPI 时要根据战略有所取舍。具体的年度目标的制定，是在全面分析企业内外环境、状况的基础上，根据年度战略构想，对本年度确定的KPI进行赋值而得到的。其中，KPI 只是一个工具体系；而制定目标的关键还在于“人”与“人”之间的沟通和理解，需要管理者和自己的上级、同级、下级、外部客户、供应商进行360°全方位的沟通。管理，在制定目标、落实战略的时候，就是一个沟通、落实的过程。所谓战略的落实，正是通过对这种阶段性目标状态的不断定义和实现而逐步达到的。

三、平衡计分卡

（一）平衡计分卡的提出

平衡计分卡（The Balanced Score Card，BSC）是于 20 世纪 90 年代初由哈佛商学院的罗伯特•卡普兰（Robert Kaplan）和诺朗诺顿研究所所长（Nolan Norton Institute）、美国复兴全球战略集团创始人兼总裁戴维 • 诺顿（David Norton）所开发的“未来组织绩效衡量方法”的一种绩效评价体系。当时制订该计划的目的在于找出超越传统以财务量度为主的绩效评价模式，以使组织的“策略”能够转变为“行动”而发展出来的一种全新的组织绩效管理方法。平衡计分卡自创立以来，在国际上，特别是在美国和欧洲，很快引起了理论界和客户界的浓厚兴趣与反响。

平衡计分卡被《哈佛商业评论》评为最具影响力的管理工具之一，它打破了传统的单一使用财务指标衡量业绩的惯例。它在财务指标的基础上加入了未来驱动因素，即客户因素、内部经营管理过程和员工的学习成长，在集团战略规划与执行管理方面发挥非常重要的作用。根据解释，平衡计分卡主要通过图、卡、表来实现战略的规划。

（二）平衡计分卡的核心内容

平衡计分卡的设计包括四方面：财务方面、顾客方面、内部运营流程方面、学习与成长方面。这几个角度分别代表企业主要的利益相关者：股东、顾客、员工，每个角度的重要性均取决于角度的本身和指标的选择是否与公司战略相一致。其中每一方面都有其核心内容。

第一，财务方面。财务性指标是一般企业常用于绩效评估的传统指标。财务性绩效指标可显示出企业的战略及其实施和执行是否正在为最终经营结果（如利润）的改善做出贡献。但是，不是所有的长期策略都能很快产生短期的财务盈利。非财务性绩效指标（如质量、生产时间、生产率和新产品等）的改善和提高是实现目的的手段，而不是目的本身。财务方面指标衡量的主要内容是收入的增长、收入的结构、降低成本、提高生产率、资产的利用和投资战略等。

第二，客户方面。平衡计分卡要求企业将使命和策略诠释为具体的与客户相关的目标和要点。企业应以目标顾客和目标市场为方向，应当关注是否满足核心顾客的需求，而不是企图满足所有客户的偏好。客户最关心的不外乎五方面：时间、质量、性能、服务和成本。企业必须为这五方面树立清晰的目标，然后将这些目标细化为具体的指标。客户方面指标衡量的主要内容是市场份额、老客户挽留率、新客户获得率、顾客满意度、从客户处获得的利润率。

第三，内部运营方面。建立平衡记分卡的顺序，通常是在先制定财务和客户方面的目标与指标后，才制定企业内部运营方面的目标与指标，这个顺序使企业能够抓住重点，专心衡量那些与股东和客户目标息息相关的流程。内部运营绩效考核应以对客户满意度和实现财务目标影响最大的业务流程为核心。内部运营指标既包括短期的现有业务的改善，又涉及长远的产品和服务的革新。内部运营方面指标涉及企业的改良／创新过程、经营过程和售后服务过程。

第四，学习与成长方面。学习与成长的目标为其他三方面的宏大目标提供了基础架构，是驱使平衡计分卡上述三方面获得卓越成果的动力。面对激烈的全球竞争，企业当前的技术和能力已无法确保其实现未来的业务目标。削减对企业学习和成长能力的投资虽然能在短期内增加财务收入，但由此造成的不利影响将在未来给企业带来沉重的打击。学习和成长方面指标涉及员工的能力、信息系统的能力与激励、授权相互配合。

更进一步来说，在平衡计分卡的发展过程中应特别强调描述策略背后的因果关系，凭借客户方面、内部营运方面、学习与成长方面评估指标的完成而达到最终的财务目标。最好的平衡计分卡不仅是重要指标或重要成功因素的集合。一份结构严谨的平衡计分卡应当包含一系列相互联系的目标和指标，这些指标不仅前后一致，而且互相强化。例如，投资回报率是平衡计分卡的财务指标，这一指标的驱动因素可能是客户的重复采购和销售量的增加，而这二者是客户满意度带来的结果。因此，客户满意度被纳入计分卡的客户层面。通过对客户偏好的分析显示，客户比较重视按时交货率这个指标，因此，按时交付程度的提高会带来更高的客户满意度，进而引起财务业绩的提高。于是，客户满意度和按时交货率都被纳入平衡计分卡的客户层面。而较佳的按时交货率又通过缩短经营周期并提高内部过程质量来实现，因此这两个因素就成为平衡计分卡的内部经营流程指标。进而，企业要改善内部流程质量并缩短周期又需要培训员工并提高他们的技术，员工技术便成为学习与成长层面的目标。这就是一个完整的因果关系链，贯穿于平衡计分卡的四个层面中。

平衡计分卡通过因果关系提供了把战略转化为可操作内容的一个框架。根据因果关系，可以将企业的战略目标分解为实现企业战略目标的几个子目标，这些子目标是各个部门的目标，同样，各中级目标或评价指标也可以根据因果关系继续细分，直至最终形成可以指导个人行动的绩效指标和目标。

（三）平衡计分卡的基本原理和流程

BSC是一套从四方面对公司战略管理的绩效进行财务与非财务综合评价的评分卡片，不仅能有效克服传统的财务评估方法的滞后性、偏重短期利益和内部利益以及忽视无形资产收益等诸多缺陷，而且是一个科学的、集公司战略管理控制与战略管理绩效评估于一体的管理系统，其基本原理和流程简述如下:

第一，以组织的共同愿景与战略为内核，运用综合与平衡的哲学思想，依据组织结构，将公司的愿景与战略转化为下属各责任部门(如各事业部)在财务、顾客、内部运营、学习与成长四方面的具体目标（即成功的因素)，并设置相应的四张计分卡。

第二，依据各责任部门分别在财务、顾客、内部运营、学习与成长四种计量可具体操作的目标，设置对应的绩效评价指标体系，这些指标不仅与公司战略目标高度相关，而且是以先行（Leading）与滞后（Lagging）两种形式，同时兼顾和平衡公司长期和短期目标、内部与外部利益，综合反映战略管理绩效的财务与非财务信息。

第三，由各主管部门与责任部门共同商定各项指标的具体评分规则。一般是将各项指标的预算值与实际值进行比较，对应不同范围的差异率，设定不同的评分值。以综合评分的形式，定期（通常是一个季度）考核各责任部门在财务、顾客、内部运营、学习与成长四方面的目标执行情况，及时反馈，适时调整战略偏差，或修正原定目标和评价指标，确保公司战略得以顺利与正确地实行。

（四）平衡计分卡总结

平衡计分卡中的目标和评估指标来源于组织战略，它把组织的使命和战略转化为有形的目标和衡量指标。在BSC中的客户方面，管理者们确认了组织将要参与竞争的客户和市场部分，并将目标转换成一组指标，如市场份额、客户留住率、客户获得率、顾客满意度、顾客获利水平等。在BSC中的内部经营过程方面，为吸引和留住目标市场上的客户，满足股东对财务回报的要求，管理者须关注对客户满意度和实现组织财务目标影响最大的那些内部过程，并为此设立衡量指标。在这一方面，BSC重视的不是单纯的对现有经营过程的改善，而是以确认客户和股东的要求为起点，以满足客户和股东要求为终点的全新的内部经营过程。BSC中的学习和成长方面确认了组织为了实现长期的业绩而必须进行的对未来的投资，包括对雇员的能力、组织的信息系统等方面的衡量。组织在上述各方面的成功必须转化为财务上的最终成功。产品质量、完成订单时间、生产率、新产品开发和客户满意度方面的改进只有转化为销售额的增加、经营费用的减少和资产周转率的提高，才能为组织带来利益。因此，BSC中的财务方面列示了组织的财务目标，并衡量了战略的实施和执行是否为最终的经营成果的改善做出贡献。BSC中的目标和衡量指标是相互联系的，这种联系不仅包括因果关系，而且包括将结果的衡量和对引起结果的过程的衡量结合起来，最终反映组织战略。

第五章　薪酬与福利管理

第一节　薪酬管理

一、薪酬管理的含义

（一）薪酬理论研究

美国的薪酬管理专家约瑟夫 · 马尔托奇奥（Joseph J. Martocchio）在其所著的《战略薪酬》一书中，将薪酬划分为外在薪酬和内在薪酬两种形式，即一种是外在报酬，指员工得到的货币、实物及服务，它包括直接报酬、间接报酬、非金钱性报酬三类，直接报酬包括工资、奖金等；间接报酬包括保险、带薪休假等各种福利；非金钱报酬指与职务相关的工作条件及权限的安排，如办公环境的安排、助手等服务人员的配备等。一种是内在报酬，通常是指员工自身因工作而获得的心理收益，比如，挑战性的工作、决策的参与等。美国心理学家弗雷德里克 · 赫茨伯格（Frederick Herzberg）的双因素理论指出，单纯依靠增加薪金、改善工作条件等难以达到有效激励的目的，必须重视工作成就、任务性质和个人的发展等激励因素的作用，所以，薪酬激励不单是金钱激励，实质上已成为激励机制中一种复杂的激励方式，隐含着成就激励、地位激励等，以及承担较大的责任、个人成功的机会、较大的工作自由等，这就是现代薪酬理论。

（二）薪酬的概念

薪酬有狭义和广义之分，从狭义的角度来说，薪酬是员工为企业提供劳动而得到的货币报酬与实物报酬的总和，包括工资、奖金、津贴、年终分红、福利和保险等；广义的薪酬包括经济性的报酬和非经济性的报酬。经济性的报酬指工资、奖金、福利待遇和假期等；非经济性的报酬指个人对企业及工作本身的心理上的一种感受。薪酬既包括外部薪酬，也包括内部薪酬。外部薪酬包含直接薪酬和间接薪酬，即基本工资、绩效工资、奖励工资及休假、津贴、保险等；内部薪酬包括参与决策，更大程度上的工作自由、权限、责任、个人成长机会等，是企业无成本的薪酬对员工起着强烈的激励作用。

可以把薪酬灵活地划分为固定薪酬和浮动薪酬两大块，其中固定部分包括岗位工资、工龄工资、津贴和其他固定报酬项目。浮动部分包括效益工资、奖金、福利和其他与企业或个人绩效挂钩的报酬项目。奖金包括激励性奖金、年终奖和特别奖励等形式；福利包括国家法定福利和企业自定福利等。

薪酬是人力资源管理的一个非常重要的工具，使用得当，会使员工工作热情高涨，同时又能达到企业人力成本比较合理的目的，有利于企业取得良好的经济效益。企业的薪酬水平是否合理，直接影响到企业在人才市场的竞争力。只有对外部环境具有竞争力的薪酬，企业才能吸引发展所需的各类优秀人才。因此，建立一个富有竞争力的薪酬体系必须进行薪酬设计相关理论的研究。

（三）薪酬的本质

薪酬是员工因向其所在单位提供劳动或劳务而获得的各种形式的酬劳或答谢。其实质是一种公平的交易或交换关系，是员工在向单位让渡其劳动或劳务使用权后获得的报偿。在这个交换关系中，单位承担的是劳动或劳务的购买者的角色，员工承担的是劳动或劳务出卖者的角色，薪酬是劳动或劳务的价格表现。

薪酬是一个综合性的范畴，薪酬的表现形式是多种多样的，主要包括工资、奖金、福利、津贴与补贴、股权等具体形式。支付方式除了货币形式和可间接转化为货币的其他形式外，还包括职业保障、学习机会、引人注目的荣誉、个人成就感等。薪酬的外在表现十分广泛，如果将薪酬狭义地理解为货币，势必影响薪酬管理的激励作用的充分发挥。

（四）薪酬的分类

1. 按照产生的作用不同

薪酬可以分为保健型薪酬和激励型薪酬两类。

2. 按照表现的形式不同

薪酬可分为货币型薪酬和非货币型薪酬两类。

3. 按照计酬的方式不同

薪酬可以分为计时、计件和业绩三类。

4. 按照产生的机制不同

薪酬可以分为外在薪酬和内在薪酬两类。

（五）薪酬的职能

1. 补偿职能

可以保证劳动消耗与劳动力生产费用支出的补偿。

2. 激励职能

提高员工生活水平和自身的素质。

3. 保值增值职能

保证企业和投资者投入资本的增值保值。

4. 效益职能

只有企业有很好的效益，社会才有可能扩大再生产，经济才能不断发展。

5. 调节职能

劳动者合理流动，既满足了各行各业的需要，又平衡了人力资源结构。薪酬还能协调国家、集体、个人三者的利益关系。

6. 统计与监督职能

薪酬是按劳动数量和劳动质量进行分配的。通过薪酬可以把劳动量与消费量直接联系起来，从而通过对薪酬支付的统计与监督，进而也是对消费量的统计与监督。这有助于国家从宏观上考虑合理安排消费品供应量与薪酬增长的关系，以及薪酬增长与劳动生产率增长、国内生产总值增长的比例关系。

（六）薪酬的作用

1. 对员工的作用

（1）基本生活保障

在市场经济条件下，薪酬收入是绝大多数劳动者的主要收入来源，它对员工及其家庭的生活起着无可替代的保障作用，在很大程度上决定着员工及其家庭的生活状态和生活方式。

（2）心理激励功能

薪酬是企业和员工之间的一种心理契约，这种契约通过员工对薪酬的感知而影响员工的态度、行动以及绩效结果，从而产生奖励作用。

（3）个人价值体现

员工的薪酬水平，往往代表了其在企业甚至是社会中的地位和层次。因此薪酬同时也成为对员工个人价值和成功的一种识别信号。

2. 对企业的作用

（1）改善经营绩效

薪酬起着吸引、保留、奖励企业优秀员工的作用，同时能够有效地引导员工的态度、行为和绩效结果，使员工的个人目标与企业目标相一致，从而提高企业的生产能力和生产效率，改善企业的经营绩效。

（2）塑造和强化企业文化

薪酬会对员工的工作态度和行为产生很强的引导作用，因此，合理的薪酬政策有助于塑造和强化良好的企业文化。相反，如果企业的薪酬政策与企业文化或价值观之间存在较大的冲突，则将会是对企业文化和价值观的一次重大挑战。

（3）支持企业变革

薪酬可通过作用于员工、团队和企业整体来创造和变革相适应企业的新的环境，使企业目标与个人目标尽快统一到一起，从而有效地推动企业变革。

薪酬体系是指薪酬的构成，即一个人的工作报酬由哪几部分构成。一般而言，员工的薪酬包括以下五大主要部分：基本薪酬（即本薪）、奖金、津贴、福利、保险。薪酬体系是企业管理的重要组成部分，在21世纪的今天，市场经济作为社会主义经济的主体，薪酬体系是体现企业“以人为本”的重要途径。

如何才能发挥薪酬的各项作用，提高员工的工作积极性，增强企业的综合竞争力，是企业发展过程中的主线。

（七）影响薪酬水平的因素

员工的薪酬并不完全是企业和员工在劳动力市场上自由交易的结果，也不是企业内部随心所欲的产物，它受到多种因素的影响和制约，这些因素简单分为三类。第一类是企业员工的个人因素，主要有工作表现、资历水平、工作技能、工作年限、工作量、岗位及职务差别；第二类是企业内部因素，主要有企业负担能力、企业经营状况、企业远景、薪酬政策、企业文化和人才价值观；第三类是企业外部因素，主要有全社会劳动生产率、国家的政策和法律、居民生活费用、劳动力市场供求状况、当地通行的收入水平和某地区某行业的工资水平。

（八）启示和对策

通过对传统薪酬的内涵、弊端以及现代薪酬的概念、本质、职能、作用等信息的介绍，得到了一些启示和对策。

1. 以职位为基础，以能力和绩效为导向进行薪酬设计

企业应尽快将薪酬的单位分类转化为职位分类，身份工资转化为职位工资。从工作的自然属性、工作职责、管理权限入手进行工作分析，分析任职资格、核心能力、个性特点

等一系列指标，设立以职位为基础的薪酬体系；同时制定科学的绩效考核制度，严格考核过程，薪酬和考核直接挂钩，确立以能力和绩效为导向的薪酬制度。

2. 设立以外在薪酬为主，内在薪酬为辅的完整的薪酬体系

现代薪酬要拓展工资收入的概念，全面引入国际薪酬理念，导入股票期权、成就工资、知识工资等国际薪酬设计的新形式。除此之外，薪酬设计除了基本工资、津贴、加班补助、奖金以及利润分享、股票期权等直接薪酬外，还应包括保健计划、非工作时间的给付、员工参与决策、承担较大的责任，提供个人成长的机会等内在薪酬计划。薪酬结构中不仅包括工资制的内容，还应包括其他诸多内容；不仅有物质的、货币的薪酬，还要有精神的、非货币的薪酬；不仅有有形的薪酬，还要有无形的薪酬；不仅有保健型薪酬，还要有激励型薪酬。

3. 为员工提供培训和职业生涯发展规划

企业应注重员工的个人发展，要根据员工个人的兴趣、特长和公司的需要制订相应的培训计划，不断更新员工的知识和技能，努力提高职工的能力，争取为大部分员工提供充分的发展空间和机会，让员工能够清楚地看到自己在企业中的发展前途。同时，企业还要根据自身的实际情况，关注员工的职业生涯发展，提供职业生涯机会的评估，帮助员工设定职业生涯目标，制定具体的行动计划和措施，营造企业与员工共同成长的组织氛围。

4. 重视企业文化和环境建设

企业文化和环境激励是一种重要的内在薪酬激励，在吸引和留住核心员工方面发挥着不可替代的作用。其激励效应具有综合性和持久性的特点，能够很好地提高员工对企业的认同感和忠诚感，使企业内部形成强大的凝聚力和向心力。因此企业要十分重视企业文化和环境建设，充分发挥企业文化和环境的激励效应。

面对激烈的国际化人才竞争，企业只有引进先进的薪酬管理理念和模式，走市场化、规范化、国际化的薪酬管理道路，才能吸引人才、留住人才，企业才能有更强的竞争力。

二、薪酬管理的内容

薪酬管理主要包括确定管理目标、选择薪酬政策、制订薪酬计划、调整薪酬结构。

（一）确定管理目标

薪酬管理目标必须与组织目标相一致。因为薪酬管理是组织管理的一个有机组成部分，现代薪酬管理的目标主要是吸引高素质人才，稳定现有员工队伍；使员工安心本职工作，并保持较高的工作业绩和工作动力；努力实现组织目标和员工个人发展目标的协调。

（二）选择薪酬政策

所谓组织的薪酬政策，就是组织管理者对组织薪酬管理运行的目标、任务、途径和手段的选择和组合，是组织在员工薪酬上所采取的方针策略。薪酬政策是企业管理者审时度势的结果，决策正确，组织的薪酬机制就会充分发挥作用，运行就会通畅高效；反之，决策失误，管理就会受到影响，引起组织管理上一系列困扰。

（三）制订薪酬计划

所谓薪酬计划，就是组织预计要实施的员工薪酬支付水平、支付结构及薪酬管理重点等，组织在制订薪酬计划时，要通盘考虑，同时要把握两个原则：一是与组织目标相协调为原则；二是以增强组织竞争力为原则。

（四）调整薪酬结构

薪酬结构是指组织员工间的各种薪资比例及其构成。对薪酬结构的确定和调整主要掌握一个基本原则，即给予员工最大激励的原则。如果较好地实现了薪酬的公平，则其会产生较好的正激励，会使该组织有较好的经济效益，从而使该组织更有实力，更从容地解决公平问题，从而进入良性循环的发展轨道。

三、薪酬管理的原则

企业及人事管理在进行薪酬管理时必须遵循一定的薪酬管理原则，做到公平、适度、平衡、刺激等原则，才能有效地激励员工。

（一）公平原则

薪酬系统要公平，这是最主要的原则。要使员工认识到人人平等，只要在相同的岗位上做出相同的业绩，都将获得相同的薪酬。

（二）适度原则

适度原则是指薪酬系统要有上限和下限，在一个适当的区间内运行。

（三）安全原则

安全原则是指薪酬系统要使员工感到安全，企业感到安全，不能经常变动，重要内容变动更要慎重。

（四）认可原则

薪酬系统是由企业管理层制定的，但应该使大多数员工认可，这样会起到更好的激励作用，当然，更要符合法律。

（五）成本控制原则

一般来说，薪酬系统应该接受成本控制，也就是在成本许可的范围内制定薪酬系统。

（六）平衡原则

平衡原则指薪酬系统的各方面平衡，不能只注重直接薪酬，而忽视非直接薪酬；也不能只注重金钱薪酬，而忽视非金钱奖励。

（七）刺激原则

刺激原则指薪酬系统对员工要有强烈的激励作用。

总之，人力资源的合理配置与使用在社会经济发展中具有特别重大的意义。薪酬作为实现人力资源合理配置的基本手段，在人力资源开发与管理中起着十分重要的作用，对刺激劳动者的物质需要和精神满足需要有着极高的现实意义，同时也直接决定着劳动效率。如何运用薪酬这个人力资源中最重要的经济参数，全面引入薪酬体系，引导人力资源向合理的方向运动，借助专业的工具和规范的操作流程来最大限度地实现两者的有机结合，从而实现组织目标的最大化，是人力资源管理需要深思和探索的。

四、薪酬管理的意义

薪酬管理是人力资源管理活动的重要组成部分，人力资源管理的核心就是薪酬管理，薪酬设计直接关系着员工的积极性和企业人工成本，企业付出的薪酬关系到能否维持一支可靠的下属员工队伍，了解薪酬体系在企业管理中尤其重要。企业就薪酬水平、薪酬体系、薪酬结构、薪酬构成以及特殊员工群体的薪酬做出决策，对整体组织管理也具有重要意义，薪酬管理对几乎任何一个组织来说都是一个比较棘手的问题，主要是因为企业的薪酬管理系统一般要同时达到公平性、有效性和合法性三大目标。

薪酬管理是管理者人本管理思想的重要体现。薪酬是对劳动者提供劳动的回报，是对劳动者各种劳动消耗的补偿，因此，薪酬水平既是对劳动者劳动力价值的肯定，也直接影响着劳动者的生活水平。在我国物质生活水平日益提高的今天，管理者不仅要保证其员工的基本生活，更要适应社会和个人的全方位发展，提供更全面的生活保障，建立起适应国民经济发展水平的薪酬制度。

吸引优秀的人才加盟。在组织的劳动关系中，薪酬是最主要的问题之一，劳动争议也往往是由薪酬问题引起的。因此，有效的薪酬管理能够减少劳动纠纷，建立和谐的劳动关系。此外，薪酬管理也有助于塑造良好的组织文化，维护稳定的劳动关系。

企业薪酬管理可以吸引和留住组织需要的优秀员工；鼓励员工积极提高工作所需要的技能和能力；鼓励员工高效率地工作。吸引和留住人才的同时，好的薪酬管理也相应为企业保留了核心骨干员工。薪酬对劳动者来说是报酬，对组织来讲也意味着成本。虽然现代的人力资源管理理念不能简单地从成本角度来看待薪酬，但保持先进的劳动生产率，有效地控制人工成本，发挥既定薪酬的最大作用，对增加组织利润，增强组织盈利能力，进而提高竞争力，无疑作用是直接的。

五、薪酬管理的影响因素

（一）外在环境因素

包括政府政令、经济、社会、工会、劳动市场、生活水平等。

（二）企业内在因素

包括财务能力、预算控制、薪酬政策、企业规模、企业文化、比较工作价值、竞争力、公平因素。

（三）个人因素

包括年资、绩效、经验、教育程度、发展潜力、个人能力等。

六、薪酬管理对提升企业竞争力优势的作用

（一）增值功能

薪酬本身不直接带来效益，但可以通过有效的薪酬战略及其实践，用薪酬交换劳动者的劳动，将劳动力和生产资料结合创造出企业财富和经济效益。这样，薪酬就对企业具有增值功能。

（二）激励功能

管理者可以通过有效的薪酬战略及其实践，促进员工工作数量和质量的提高，保护和激励员工的工作积极性，以提高企业的生产效率。

（三）配置和协调功能

企业可以发挥薪酬战略的导向功能，合理配置和协调企业内部的人力资源和其他资源，并将企业目标传递给员工，促使员工个人行为与组织行为相融合。

（四）帮助员工实现自我价值的功能

通过有效的薪酬战略及其实践，体现薪酬不再仅仅是一定数目的金钱，它还反映员工在企业中的能力、品行和发展前景等，从而充分发挥员工的潜能，实现其自身价值。

（五）对优秀人才的吸纳和保留功能

合理的薪酬体系不仅能使企业具有外部竞争力，而且能保留住原有的优秀人才。在留住人才的手段中，薪酬体系被证明是效果最好、见效最快的方法之一。

七、薪酬管理存在的问题

市场经济体制建立以来，我国企业薪酬管理在内容、管理模式、管理方法等方面都获得了很大改进，但受传统薪酬管理的影响，企业在薪酬管理上仍遇到大量的问题。

（一）人们在薪酬认识上存在误区

企业在对薪酬的功能理解上常过于偏颇，只注意到其保健功能，而忽视了其激励功能。不管工作中贡献多少，上班拿钱已成为天经地义。而奖金在相当程度上已失去了奖励的意义，变成了固定的附加工资。其结果是企业员工长期积累惰性和安全感，使薪酬失去了应有的激励功能。

（二）工资制度使多数组织对内缺乏公平感

当前的工资制度较之传统的工资制度有了很大的改进，但由于我国组织在人力资源管理方面缺乏经验，人力资源管理的基础性工作有缺陷，薪酬仍然存在矛盾。多数组织考虑更多的是员工的劳动能力，而员工潜能的实际发挥往往不会引起人们的注意而被忽视，所以工资的分配主要靠工龄、学历、职称、行政级别，而忽视了对每个员工所做的差异性和员工对实现企业目标的贡献。这种制度看上去似乎很公平，但实际上是对工作价值的否定，难以体现员工能力高低的区别，因此打击了优秀员工的积极性，从而造成企业对内缺乏公平感，对外缺乏竞争力。

（三）在制度上的设计缺乏战略思考

在讨论薪酬设计的问题时，组织较多考虑的是公平原则、补偿性或利害相等原则、透明原则等，而对整个薪酬的界定缺乏理性的战略思考。如有的公司声明它的战略之一是成为市场上的佼佼者，但该公司将薪酬标准定位于中档水平。因此，如何处理个人和组织之间的矛盾，实现企业生存和发展乃至持续发展，是战略性薪酬设计的重要任务。

（四）薪酬制度与企业经营战略脱钩或错位

企业经营战略不同，薪酬策略也不同，但目前我国企业大多实行统一的薪酬策略，很大程度上与企业战略管理脱节。如对处在成熟阶段的企业，其经营战略与成长阶段不同，因而薪酬制度也应有相应的变动，但管理者并没有将员工薪资予以适当调整；又如一些企业声明将股东的长期利益作为它的策略目标，但企业着重于奖励短期经营业绩，导致了薪酬制度与经营战略的错位。

（五）薪酬设计不科学

首先，薪酬调查范围狭窄，调查数据缺乏真实可靠性。目前很多企业在薪酬调查上只能粗线条地观察市场总体行情，收集的资料缺乏真实可靠性，使得薪资水平的确定缺乏科学性。其次，没有科学的职位评价体系。在实际操作中，管理者主观设定职级职位，将同等级、同类别的职位归类归档，员工薪酬难以实现公平。

（六）薪酬支付缺乏公开性和透明性

有些企业采取发红包的秘密付酬方式，进而衍生成为有普遍性的“模糊薪酬制”。秘密薪酬制支付会导致员工之间的猜测和怀疑，容易滋生不满情绪，或者消极怠工的情绪。而管理者对这种情况的原因一无所知。

（七）奖金奖励和福利保险计划缺乏柔性

目前，我国大部分企业奖金奖励在相当程度上已经失去了奖励的意义，变成了固定的附加工资。这种方式的奖金奖励缺乏竞争性和公平性，对员工起不到激励作用。在福利保险管理上，企业承袭传统的福利保险计划，忽略了员工自我需求的满足。企业提供的一些免费计划起不到明显的激励作用。最终，这些计划只是流于形式，还增加了企业的实施成本。

（八）企业已有的薪酬结构难整合

企业薪酬已经成为固定模式，一旦调整，将会损伤部分员工的利益，众人难以接受。许多员工认为自己应该得到奖金，但又不想承担浮动薪酬蕴含的风险，即使业绩水平存在差异，员工仍会期待获得同等的待遇。

八、薪酬管理问题产生的原因

（一）企业人力资源管理系统的缺陷

一方面，企业的人力资源管理体系不完整。在一些规模较小、管理不规范的企业，受企业文化或企业高层的主观影响，没有把薪酬管理作为重要的管理内容，仅仅是将其看成简单的人工成本或一项财务支出，进行简单的规定与发放。而有些企业虽然重视薪酬管理，但人力资源管理系统其他环节缺位，如在薪酬管理上还不够科学、合理，忽视工作分析和职务评价，没有与绩效考核相配合，缺少利他环节，使薪酬失去其公平、合理的基础。另外，人力资源管理体系完善，但与薪酬有关的相应环节设置、配合不合理。较为常见的表现为以下方面：一是职务评价系统不规范。如许多企业对职位的评价往往陷入对具体从事该职位工作的人的评价，而非职位评价；在评价标准及各项指标的设立上往往不能反映职位职责；职位的工资不能正确反映职位价值的大小；二是考核标准不明确或不规范，如考核指标不能被量化、与岗位脱节或过于复杂不能被测量等；三是考核过程不规范，受考核人员个人因素的影响，考核结果存在主观性、片面性，不能体现出公平、公开、公正的原则；四是考核后没有及时地沟通与反馈，对员工的成绩或失误没有给予及时肯定或纠正。

（二）薪酬管理机制自身的缺陷

薪酬管理机制自身的缺陷主要是薪酬制度不合理，其表现有两种：一种情况是薪酬制度的不连贯、不系统，企业的薪酬制度改革过频，或改革不是对现有制度的完善，改革的变化大、差异大；另一种情况是薪酬制度的方向性错误。如有的企业在奖金分配上较多地倾向于资历，这样做的后果就会使新员工，特别是新加入的高级人才有不被重视的感觉，而丧失工作热情甚至离职。薪酬体系结构设计不合理，薪酬体系主要指薪酬的构成。其结构设计不合理主要表现在以下几方面：一是固定工资比例偏高，使收入差距拉不开，不能体现出公平与效率；二是浮动薪酬浮而不动，流于形式，成为一个固定值而使激励无效；三是所有的员工薪酬结构模式都一样，针对性不强；四是绩效薪酬的获得标准过多涉及等级和年资，使员工失去信心与工作的积极性；五是长期薪酬比重很小，导致长期激励不足。

（三）薪酬策略与企业自身特点不符

很多企业的薪酬设计缺乏统一的指导思想和设计基础，在制订薪酬计划时不考虑薪酬方案要实现的目的和指导政策，通常是一开始就陷入具体的设计之中，反复商讨薪酬的单元构成、水平差异等问题，各持不同意见而没有统一的指导思想和原则，或者是照搬理论上的薪酬体系，盲目模仿其他企业的薪酬模式，忽略自身特点、发展目标、经济实力及市场地位，思考是零碎的和片段的，导致薪酬策略与企业战略不符，与企业文化相冲突。

九、解决薪酬管理问题的对策

面对薪酬管理的问题，人们大体上提出这样一些对策：

（一）向新的薪酬管理理念转变

传统的工资制把直接经济报酬作为激励员工的唯一手段，因此薪酬管理理念必须转变。薪酬管理理念的转变是薪酬管理制度变革的基础。当前，企业由于内部和外部的环境变化，尤其是经济全球化对企业薪酬管理提出了新的要求。

（二）向激励型薪酬制转变

工资制和薪酬制是两种完全不同的收入分配制度。由工资制转向薪酬制，不仅是形式的转变，而且是内容的转变；不仅是量的转变，而且是质的转变；不仅是方法的转变，而且是目的的转变；不仅是结构的转变，而且是效果的转变。

（三）向拉开员工差距的薪酬制转变

实现公平的薪酬是不现实的，如果员工之间的薪酬没有差别，企业难以留住人才，难以吸引人才。要承认员工之间素质的差别、知识的差别、技能的差别、风险的差别、贡献的差别、经验的差别，就应该承认员工之间收入分配的差别。

（四）向市场决定的薪酬制转变

首先改变单位决定收入的状况，要让市场决定薪酬，使同职位人员的薪酬形成市场均衡，通过市场机制使人力资源提升价值；其次是改变量价背离的状况，企业员工收入分配的改革要与市场接轨，由市场决定员工的薪酬。企业的薪酬管理制度的改革要充分体现薪酬的激励功能，使薪酬与约束对称，风险与责任对称。

综上所述，在现阶段，要在我国建立一个公平、适用、有竞争性、有激励性的薪酬管理体系，这将能为企业和投资者带来预期收益，达到预期目标；将能够灵活有效地反映员工绩效和能力的变动，激发并保持员工的积极性和创造性，实现按绩分配；将能够满足员工的生活，增值、开发员工潜力，提升企业形象，创造双赢局面。

第二节　薪酬设计

一、薪酬设计概述

岗位薪酬设计是以科学规范的岗位管理体系为基础，通过科学的岗位评价、员工能力评定以及市场薪酬调查，考虑企业实际经营状况及支付能力等因素，针对不同岗位序列分别设计岗位薪酬结构，确定岗位薪酬。最终确定的岗位薪酬方案应该体现岗位价值、员工能力与岗位的匹配以及员工在岗位上所做的贡献。

影响岗位薪酬设计的因素有内部、外部和个人三方面。内部因素主要是管理者需要考虑企业经营状况、负担能力、企业文化和薪酬政策等；外部因素包含地区及行业差异、人力资源市场的供求关系、社会经济环境、现行工资率以及与薪酬相关的法律法规等；个人因素则涉及员工个人的资历水平、工作岗位、个人工作能力和工作表现等方面。

二、薪酬设计的要点

对人力资源经理来说，设计与管理薪酬制度是最困难的一项人力资源管理任务。如果建立了有效的薪酬制度，企事业组织就会进入良性循环；相反，则使员工的积极性发挥不出来，导致企业发展的关键人才流失。因此，如何让员工从薪酬上得到最大的满足，成为现代企业组织应当努力把握的课题。总结国内外著名企业薪酬设计的成功经验，企业“让员工满意”薪酬的设计应该注意以下几个要点：

（一）为员工提供有竞争力的薪酬

支付最高工资的企业最能吸引并且留住人才，尤其是那些出类拔萃的员工。一个结构合理、管理良好的薪酬制度，应能留住优秀的员工，淘汰表现较差的员工。

（二）重视内在报酬

内在报酬是指基于工作任务本身的报酬，如对工作的胜任感、成就感、责任感，受重视、有影响力、个人成长和富有价值的贡献等。事实上，对知识型的员工，内在报酬和员工的工作满意感有相当大的关系。因此，企业组织可以通过工作制度、员工影响力、人力资本流动政策来执行内在报酬，让员工从工作本身得到最大的满足。

（三）收入和技能挂钩

建立个人技能评估制度，以雇员的能力为基础确定其薪水，工资标准由技能最低直到最高划分出不同级别。基于技能的制度能在调换岗位和引入新技术方面带来较大的灵活性，当员工证明自己能够胜任更高一级的工作时，他们所获得的报酬也会顺理成章地提高。这样，可以给员工们更多的机会，在不晋升的情况下提高工资级别。管理的重点是最大限度地利用员工的技能，这种评估制度最大的好处是能传递信息使员工关注自身的发展。

（四）让员工们更清楚地理解薪酬制度

企业应让员工弄清楚他们的报酬待遇的真正价值，简明易懂地解释各种收入，增强沟通交流。现在许多公司仍采用秘密工资制，提薪或奖金发放不公开，使员工很难判断在报酬与绩效之间是否存在着联系。人们既看不到别人的报酬，也不了解自己对公司的贡献价值的倾向，这样自然会削弱制度的激励和满足功能。

（五）参与薪酬制度的设计与管理

与没有员工参加的绩效付酬制度相比，让员工参与薪酬制度的设计与管理常令人满意，且能长期有效。员工对薪酬制度设计与管理更多地参与，无疑有助于一个更适合员工的需要和更符合实际的薪酬制度的形成。在参与制度设计的过程中，针对薪酬政策及目的进行沟通，促进管理者与员工之间的相互信任，这样能使带有缺陷的薪资系统变得更加有效。

（六）与薪酬设计相配套的是员工工作绩效考评制度

如果相关的配套工作没有完善，薪酬制度则没法客观、公正地运行。

三、薪酬设计的思路

（一）以岗定薪

首先，根据岗位性质划分岗位类别，明确岗位序列，并设计相应的薪酬模式；其次，在岗位分析、岗位评价和员工能力评定的基础上，结合市场调查和企业实际经营情况，可以实施以岗位工资为主、能力工资为辅的结构，采取一岗多薪制度。

（二）进行市场薪酬调查

参考企业实际的收入状况决定薪酬水平，确保企业薪酬水平的竞争性，同时又要控制薪酬总额，确保企业经济成本的负担能力可以承受。

（三）量化业绩考核

将薪酬与考核结果紧密联系，增强个人收入与个人业绩的联系，使薪酬的激励作用得到充分的发挥。

四、薪酬设计的模式

从薪酬理论的发展过程看，现代企业的薪酬，既不是单一的工资，也不是纯粹的货币形式的报酬，还包括优越的工作条件、良好的工作氛围、培训机会、晋升机会等精神方面的激励。物质和精神的有效结合，为现代企业薪酬设计提供了多重选择。物质形态是薪酬的主要内容，如发放工资、奖金、津贴、福利等，也是目前我国企业使用得非常普遍的一种激励模式。但在实践中，企业在使用物质作为薪酬激励的唯一内容时，货币资金投入不少，而预期的目的并未达到，反而可能贻误商机。于是精神食粮挤入了企业薪酬设计的视线，并越来越占据重要地位。这也证明了马斯洛的需求层次理论——员工不但有物质上的需要，更有精神方面的需要。因此长期使用物质作为薪酬起不到很好的激励作用时，企业应该将目光转向将物质激励和精神激励结合起来，针对不同层次的人员，创建有针对性的薪酬激励机制，才能真正地调动员工创造价值的积极性。但有一点，单纯依靠精神上的鼓励和奖赏作为员工的报酬就失去了物质基础，这显然是行不通的。在长期的心理学研究基础上，有的学者提出了一种同步激励法的主张。这种观点强调，只有把物质激励和精神激励两者有机地结合起来，综合地加以同步实施，才能取得最大的激励效果。同步激励法的关系式可表达如下：激励力量＝物质激励 × 精神激励。该表达式表明，只有当物质激励与精神激励都处于高峰值时，才有可能获得最大的激励力量。两个维度中只要有一个维度处于低值，就不能产生最大、最佳的激励力量。同步激励法不是物质激励和精神激励的简单拼凑和相加，而是一种有机的综合和融合。从公式及解释上来看，似乎并不难实现，但是如何将物质与精神融合在一起，发挥最大效力？这种效力怎样才算最大？这些问题需要企业不断摸索，积极实践，才有可能找到最佳解决方案。

在新经济时代，企业设计薪酬方案的主要目的是满足企业战略发展的需要，即以所谓“有竞争力的薪酬”聘请合适的员工。具体而言，薪酬方案设计时必须考虑两大因素：一是市场因素，即如何应对竞争激烈的人力资源市场；二是行政因素，即政府制定的最低工资价位等。在充分考虑这两大因素的前提下，企业经营者可充分施展其才华，设计合适的薪酬体系。

设计薪酬方案大致有如下几种模式：

（一）经营管理者做决定

这种情况局限于一些小企业或企业初创阶段，老板大致估计市场行情，多为一拍即定的行为，因而往往带有较大的盲目性。当企业走上正轨后，此种模式越来越不能适应企业的发展，所以有改变的必要。但是，这种模式因其成本低廉、简捷易行，目前依然有相当大的市场。

（二）集体洽谈模式

集体谈判已成为一种国际性的行为，其中最重要的内容之一便是工资谈判。当然，集体谈判既有企业工会代表与雇主代表谈判，又有行业工会代表与雇主代表谈判等。但是，工资集体协商可能使劳资关系进一步紧张，甚至限制资方用工的积极性。

（三）专家咨询设计

由专家参与设计的薪酬模式一般能较好地理解市场动态，避免劳资关系紧张，同时对企业稳定人心的作用巨大。但专家设计的成本过高，如果企业职员人数较多，则人均成本较低，使用这种模式就比较可取。

（四）个别协商模式

即在企业总体原则初定的情况下，企业对特定员工（常常是关键人物）的一种协商方式，所谓“上不封顶”，即对某一职位或某一段时间就某一个人的特殊情况进行协商的行为。这种情况称得上是“随机应变”，但也可能“杂乱而无序”。

（五）综合设计模式

综合使用上述多种方式，使之更贴近实际，同时又能很好地解决市场、政府、职工、资方、关键人物诸方面的问题。但这种方式耗时费力，成本高昂。虽然取得的结果可能从理论上讲是皆大欢喜，但究竟何时能“成形”为一种模式，则难以确定。

总之，不同的企业在不同的时期，应运用不同的模式，所谓适用的才是最好的。

五、薪酬设计的原则

薪酬分配对企业的发展具有持久的影响力，对员工的行为形成内在的驱动力。当前，由于企业对薪酬体系设计缺乏系统化思考，往往是顾此失彼。因此，一个企业在对薪酬体系进行设计之前，应该明确以下几个设计原则：

（一）公平原则

公平是薪酬设计的基础，只有在员工认为薪酬设计是公平的前提下，才可能产生认同感和满意度，才可能产生薪酬的激励作用。薪酬制度的公平原则包括内在公平、外在公平和自身公平三方面的含义。内在公平是指企业内部的员工的一种心理感受，企业的薪酬制度要让企业内部员工对其表示认可，让他们觉得与企业内部其他员工相比较，其所得薪酬是公平的；外在公平是企业在人才市场加强竞争力的需要，是指与同行业、同地区内其他企业，特别是有竞争性质的企业相比，企业所提供的薪酬是具有竞争力的，只有这样才能保证在人才市场上招聘到优秀的人才，也才能留住现有的优秀员工；自身公平性即同一企业中占据相同职位的员工，其所获得的薪酬应与其贡献成正比，同样，不同企业中职位相近的员工，其薪酬水平也应基本相同。

公平原则是制定薪酬体系首先要考虑的一个重要原则，因为这是一个心理原则，也是一个感受原则。员工对公平的感受通常包括五方面的内容：第一是与外部其他类似企业(或类似岗位）比较所产生的感受；第二是员工对本企业薪酬体系分配机制和人才价值取向的感受；第三是将个人薪酬与公司其他类似职位（或类似工作量的人）的薪酬相比较所产生的感受；第四是对企业薪酬体系执行过程中的严格性、公正性和公开性所产生的感受；第五是对最终获得薪酬多少的感受。

当员工对薪酬体系感觉公平时，会得到良好的激励，并保持旺盛的斗志和工作的积极性；当员工对薪酬体系感觉不公平时，则可能会采取一些类似降低责任心、辞职等消极的应对措施，不再珍惜这份工作，对企业的亲和力降低，寻找低层次的比较对象以求暂时的心理平衡，或者辞职等。因此，在进行企业薪酬设计之前应对企业各岗位的职责以及市场上相应职位的薪酬水平有比较充分的了解，并在此基础上依照公平原则来进行薪酬体系的设计。

（二）透明原则

透明包括三方面的含义：薪酬政策的透明、薪酬管理操作的透明以及相关信息传递的透明。强调透明原则具有经济学和管理心理学的双重意义。从经济学角度讲，信息的对称性与最大化，是个体做出利益最优决策的前提；从管理心理学的角度来讲，员工了解目标的期望值和效价，能产生更强的激励力量，自我意识较强、文化素质较高的知识员工更是如此。

（三）物质激励与精神激励结合起来的原则

首先，从企业员工角度来讲，薪酬是员工从企业获得相对满足的过程，也是维持基本生活、提高生活质量的基础。其次，从企业自身的角度来讲，不仅需要有一定保障性的薪酬留住人才，减少企业员工的负向流动，还需要有一定竞争力的薪酬吸引人才，产生强有力的员工向心力及员工的正向流动。

通常情况下，物质激励报酬会在短期或者中期范围内发挥作用，激励员工、调动员工的积极性。但物质激励报酬仅仅是暂时的，并不能在企业长期发展中起到至关重要的作用。精神激励报酬对员工的激励才是长期的、根本的、更加有效的。

因此，企业在设计薪酬体系时应把物质激励与精神激励结合起来激励员工，使其感受到自己价值的存在，同时看到自身的发展前景，只有这样，员工才会为企业努力工作。

（四）固定薪酬与浮动薪酬结合起来的原则

企业在薪酬体系的实施过程中，往往发现薪酬设计中的固定收入部分可以使员工产生安全感，但如果固定部分过高，就会使员工产生懒惰情绪、不思进取，最终削弱薪酬的激励功能。

同时，企业对员工工作表现和成绩的认可，对员工的激励主要来自薪酬中的浮动部分。不过若浮动薪酬的弹性过大，又会使员工缺乏安全感，不利于吸引和留住员工。

因此，企业在薪酬体系设计中，固定收入部分与浮动收入部分的比例应与岗位的特点结合起来。一般而言，岗位对企业总体经营业绩的影响越大，则该岗位薪酬中的浮动比例也越大；反之则应越小。

（五）与绩效考核结合起来的原则

绩效考核方案应该能够而且必须客观地反映员工的工作业绩。员工的薪酬，尤其是浮动收入部分的发放只有以对员工自身工作的考评结果为基础，薪酬的激励作用才能够体现。

在许多企业中，没有绩效考评、绩效考评体系不健全或绩效考评流于形式，每个月的奖金简单地按照月份固定发放，甚至是平均化的方式发放。这样，奖金所具备的激励作用无从体现，激励作用变成了保障作用，完全违背了设计奖金的初衷。

从实际中不难看出，这种没有激励作用的浮动收入只能给企业增加成本支出，而没有任何正面的作用。同时，还会给企业文化造成“干多干少奖金一样，干与不干奖金一样”的恶劣风气。

（六）关注“核心员工”的原则

在实际情况中，每个企业都存在“核心员工”，这里所说的核心员工是指那些掌握企业重要客户或掌握企业技术管理等方面的核心机密以及在工作的其他方面堪称表率的员工。由于核心员工在企业生产经营中的巨大作用及其对其他员工的影响力相对较高，因此制定特别的薪酬制度来最大限度地留住核心员工，从而使企业的生产经营能够平稳进行是制定企业薪酬的重点之一。

企业核心员工一般都为知识型员工，他们具有较为鲜明的个性，自主意识强，拥有相对独立的价值观。对核心员工，管理者在提供有竞争力的薪酬的同时应积极树立“以人为中心”的管理理念，为核心员工提供多种升迁和培训机会，创造其成长、发展的空间，注意营造良好的企业文化氛围，增强核心员工的归属感等。

但是要实现留住人才的目标光靠上面的措施还不够，还应善于使用一些特别的薪酬制度。比如，沉淀福利制度，将高层管理人员的薪酬分为若干部分，当年只能拿到其中的一部分，其余部分在未来几年中分批支付，如果有人提前离开，他的工资是不能全部拿走的。

（七）战略导向原则

战略导向原则强调企业设计薪酬时必须从企业战略的角度进行分析，制定的薪酬政策和制度必须体现企业发展战略的要求。企业的薪酬不仅只是一种制度，它更是一种机制。合理的薪酬制度驱动和鞭策那些有利于企业发展战略的因素的成长和提高，同时使那些不利于企业发展战略的因素得到有效的遏制和淘汰。因此，企业在设计薪酬时，必须从战略的角度进行分析，哪些因素重要，哪些因素不重要，并通过一定的价值标准，给予这些因素一定的权重，同时确定它们的价值分配即薪酬标准。

（八）竞争原则

企业在市场上提出较高的薪酬水平无疑会增加企业对人才的吸引力，企业的薪酬标准在市场上应处于一个什么位置，要根据该企业的财力、所需人才的可获得性等具体条件而定。竞争力是一个综合指标，有的企业凭借良好的声誉和社会形象，在薪酬方面只要满足外在公平性，就能吸引优秀人才。此外，劳动力市场的供求状况也是进行薪酬设计，遵循竞争原则时需要考虑的重要因素。

（九）经济原则

经济原则在表面上与竞争原则和激励原则是相互对立和矛盾的。竞争原则和激励原则提倡较高的薪酬水平，而经济原则则提倡较低的薪酬水平，但实际上三者并不对立也不矛盾，而是统一的。当三个原则同时作用于企业的薪酬系统时，竞争原则和激励原则就受到经济原则的制约。这时企业管理者所考虑的因素就不仅是薪酬系统的吸引力和激励性了，还会考虑企业承受能力的大小、利润的合理积累等问题。

经济原则的另一方面是要合理配置劳动力资源，当劳动力资源数量过剩或配置过高时，都会导致企业薪酬的浪费。只有企业劳动力资源的数量需求与数量配置保持一致，学历、技能等的要求与配置大体相当时，资源利用才具有经济性。

（十）团队原则

在一些协作性的企业中，基于团队的奖励对组织的绩效具有十分重要的作用，使人们意识到只有团队协作，自己才能获益。尽管从激励效果来看，奖励团队比奖励个人的效果要弱，但为了促使团队成员之间相互合作，同时防止上下级之间由于工资差距过大导致底层人员心态不平衡的现象，所以有必要建立团队奖励计划。有些成功企业，用在奖励团队方面的资金往往占到员工收入的很大比重。

在具体操作中，对优秀团队的考核标准和奖励标准要事先定义清楚并保证团队成员都能理解。具体的奖励分配形式归纳为三类：第一类是以节约成本为基础的奖励，将员工节约的成本乘以一定的百分比，奖励给员工所在团队；第二类是以分享利润为基础的奖励，它也可以看成是一种分红的方式；第三类是在工资总额中拿出一部分设定为奖励基金，根据团队目标的完成情况、企业文化的倡导方向设定考核和评选标准进行奖励。

（十一）双赢原则

个人与组织都有其特定的目标指向。个人参与某个组织是为了实现自己的目标，而组织目标的形成必然压制个人目标的实现。就薪酬而言，个人和企业组织都有各自的薪酬目标。作为员工，为了实现自己的价值就希望通过获取高的报酬来体现，而企业组织为了有效利用资源和降低运转成本，希望以“较小的投入”换取较大的回报。结果，两个薪酬目标之间没有合适的接口，企业付出的薪酬没能激励员工，更不能换回高的回报，而员工的愿望和目标同样被压制，产生怠工心理，造成企业对员工不满、员工对企业抱怨的局面。所以，企业在设计薪酬体系时，有必要使上下相互沟通和协调，让员工参与薪酬制度的制定，找到劳资双方都满意的结合点。

（十二）合法原则

薪酬系统的合法性是必不可少的，是建立在遵守国家相关政策、法律法规和企业一系列管理制度基础之上的合法。如果企业的薪酬体系与现行的国家政策和法律法规、企业管理制度不相符，则企业应该迅速进行改进使其具有合法性。薪酬设计要遵守国家法律法规和政策，这是最起码的要求，特别是国家有关的强制性规定，企业在薪酬设计中是不能违反的。

六、薪酬设计的流程

（一）制定薪酬原则和策略

企业薪酬策略是企业人力资源策略的重要组成部分，需要在企业总体战略的指导下进行，薪酬策略作为薪酬设计的纲领要对以下内容做明确规定：对员工本性的认识，对员工总体价值的认识，对管理骨干、专业技术人才和营销人才的价值估计等核心价值观，企业基本工资制度和分配原则，企业工资分配政策和策略。

（二）职位设置与职位分析

职位设置就是根据实际工作需要，科学、系统化地进行职位的合理配置，以满足企业正常运营的需要。职位分析要进行分析研究：通过对工作内容、责任者、工作职位、工作时间、怎样操作，以及为何要这样做等进行分析，然后再将该职务任务的要求和责任、权力等方面进行书面描述。工作分析主要从两方面入手：工作描述，对职务的名称、职责、工作程序、工作条件和环境等方面进行一般性说明；对工作者的要求，通过职务描述，进一步说明担负某一职务工作的员工所必须具备的资格条件。

（三）职位评价

职位评价（或称职位评估）重在解决薪酬的对内公平性问题，即达到企业内部均衡。企业内部均衡失调有两种情况：①差距过大。差距过大是指优秀员工与普通员工之间的薪酬差异大于工作本身的差异，也有可能是干同等工作的员工之间存在着较大的差异。前者有助于稳定优秀员工，后者会造成员工的不满；②差距过小。差异过小是指优秀员工与普通员工之间的薪酬差异小于工作本身的差异。它会引起优秀员工的不满，当内部均衡适当时，员工可以达到正常的工作效率；当内部均衡不适当时，则会大大降低员工的工作效率，而薪酬体系中的职位评价正是为了解决企业内部均衡失调这个问题。

职位评价的方法分为量化评价法和非量化评价法两大类。非量化评价法是指那些仅仅从总体上来确定不同职位之间的相对价值顺序的职位评价方法，量化评价方法则是通过一套等级尺度系统来确定一种职位的价值高多少或低多少。非量化评价方法有两种：排序法和分类法；量化评价方法有三种：因素比较法、计点法和海氏评价法。

1. 排序法

排序法是由评价人员对各个职位的重要性做出判断，并根据工作职位相对价值的大小按升值或降值来确定职位等级的一种评价方法。其主要优点是在理论上与计算上简单，容易操作，省事省时；缺点是其主观性强，评价结果有时差异很大。

2. 分类法

分类法也称分级法，是事先建立一连串的等级，给出等级定义之后，根据工作等级类别比较工作，把职位确定到各个等级中去，直到安排在最合乎逻辑之处。其优点是简单易行，省时易理解，比排序法更为精确、客观；缺点是不能很清楚地定义等级，给主观判断职位等级留下相当大的余地，导致许多争论。

3. 因素比较法

因素比较法是先决定职位评价的因素和关键职位，再用评价因素和关键职位制成关键职位分级表，对其他职位，依据此表为尺度决定其等级。其优点是把各种不同职位中相同的因素相互比较，然后再将各种工资求和，使各种职位获得转化为公平的职位评价，减少了主观性，可靠性比较高；缺点是因素定义比较含糊，选用范围广泛，且不够精确。

4. 计点法

计点法是先确定影响所有职位的共同因素，并将这些因素分级、定义、配点，以建立评价标准。然后，依据评价标准对所有职位进行评价并汇总每一职位的总点数。最后，将职位评价点数转换成货币数量，即职位工资率或工资标准。这种职位评估方法将付酬因素进行分解，评估结果比较客观可靠，在一定程度上避免了评价人员的主观随意性，但设定付酬因素和权重较为复杂。

5. 海氏评价法

海氏评价法实质上是将付酬的有关因素进一步抽象为具有普遍适用性的三大因素，即智能水平、解决问题能力和风险责任，相应设计了三套标准性价量表，最后将所得分值加以综合，算出各个工作职位的相对价值。然后根据评估得分确定各个职位的等级排序。这种方法比较客观准确，且较为科学，是目前国内外企业中使用最为广泛的一种评估方法。

（四）薪酬调查

企业要吸引和留住员工，不但要保证企业工资制度的内在公平性，而且要保证企业工资制度的外在公平性，要展开市场薪酬调查，通过调查，了解和掌握本地区、本行业的薪酬水平，及时制定和调整本企业对应工作的薪酬水平和企业的薪酬结构，以确保企业工资制度外在公平性的实现。

薪酬调查重在解决薪酬的对外竞争力问题，企业在确定一个或更多职位的薪酬水平时，需要参考劳动力市场的薪酬水平。薪酬调查的对象，最好是选择与自己有竞争关系的公司或同行业的类似公司，重点考虑员工的流失去向和招聘来源；薪酬调查的数据要有每年度的薪酬增长状况，不同薪酬结构对比，不同职位和不同级别的职位薪酬数据，奖金和福利状况，长期激励措施以及未来薪酬发展趋势分析，等等。只有采用相同的标准进行职位评估，并各自提供真实的薪酬数据，才能保证薪酬调查的准确性。在报纸和网站上公布的数据，其数据多含有随机取样的成分，准确性很值得怀疑。即使是国家劳动部门的统计数据，也不能取代薪酬调查用作定薪的依据。另外，特别应该注意的是，由于一些特殊的行业人员流动比较频繁，可以利用招聘方式、人员跳槽的机会了解竞争者的薪酬水平，但要防止以偏概全。薪酬调查的结果，是根据调查数据来反映某家公司的薪酬水平与同行业相比处于什么位置，从而确定本公司某职位的薪酬水平。

（五）薪酬分级和定薪

工资结构线描绘了企业各项工作的相对价值及其对应的工资额，如果仅以此开展薪酬管理必将加大薪酬管理的难度，也没有很大的意义。为了简化薪酬管理，有必要对工资结构线上反映出来的工资关系进行分等级处理，将相对价值相近的各项工作合并成一组，统一规定一个相应的工资，称为一个工资等级，这样，企业就可以组合出若干个工资等级。

（六）职位薪酬、绩效薪酬、工龄薪酬等薪酬部分的确定

在薪酬总额确定之后，根据企业实际情况，适当加大绩效薪酬占薪酬总额的比例，同时设置工龄工资。将绩效薪酬分为体现最低要求工作量的效益工资和超额工作量的奖金两部分，并与绩效考核挂钩。绩效考核分为反映工作质量和工作量两部分，工作质量按照业绩考核标准进行考核得分、分等并转化为业绩系数，工作量直接核算为货币，将工作量乘以业绩系数再按照各职位的相对价值比例在各个职位间进行分配。绩效工资体现了员工个人工作的绩效水平和差别，激励效果明显，可以促使组织目标的实现。

（七）薪酬结构设计

薪酬结构是指一个企业的组织机构中各工作的相对价值及其对应的实付工资之间保持何种关系，它基于薪酬的不同功能，将薪酬划分为若干个相对独立的工资单元，各单元又规定有不同的结构系数，组成有质的区别和量的比例关系的薪酬结构。

薪酬结构设计方案出台以后，关键还在于落实，要在落实的过程中不断地修正方案中的偏差，使方案更加合理和完善。

另外，要建立薪酬管理的动态机制，要根据企业经营环境的变化和企业战略的调整对薪酬方案进行适时的调整，使其能更好地发挥薪酬管理的功能。

在薪酬结构设计中需要解决的主要问题包括：一个薪资结构中应该设计多少工资等级，中位值及中位值增幅如何确定，工资等级带宽有多大，相邻等级之间的重叠程度有多大，工资等级内的梯级如何设计。

其一，工资等级的确定。对确定“合适的工资等级数量”没有什么特别标准的公式，这需要看企业的具体要求来决定等级。具体来说，在设计工资等级数目时要重点考虑组织架构现状、岗位数量、中位值、工资区间大小（带宽）和相邻等级的重叠程度等方面。

其二，中位值及中位值级差的确定。为确定某一等级的中位值，然后根据级差推算出各个工资等级的中位值。中位值级差的确定要考虑到中位值级差过大，会导致员工晋升的成本过高；级别差异太小，又缺乏有效的激励性。

其三，工资等级带宽重叠度设计。在薪资结构中，带宽之间可能没有重叠，也可能有重叠，重叠部分意味着在两个相邻工资等级中的员工有拿到同样工资的可能。带宽间的重叠部分很小，将会更有机会促使员工持续地改进绩效和增进资历来获得工资的提高；如果重叠部分很大，也可能使一个已经拿到其所在薪资等级中上限工资的人晋升到上一个或两个更高的等级之后，其工资不会有大的提高，这样对员工会产生一定的打击。

其四，工资等级内的梯级设计。当一个工资等级的带宽和中位值确定后，可以考虑是否需要在工资等级的区间内设置“不合格、合格、较好、杰出”等多个梯级。员工在带宽中处于哪个梯级以及梯级晋升，都取决于员工的能力和工作业绩。

（八）薪酬体系的实施和修正

世界上不存在绝对公平的薪酬体系，只存在员工是否满意的薪酬体系。不论工资结构设计得如何完美，在实践中都或多或少地会出现问题。因此在实施薪酬体系过程中，及时的沟通、必要的宣传或培训是保证薪酬改革成功的重要因素。人力资源部可以通过员工座谈会、满意度调查、内部刊物甚至BBS论坛等形式，充分介绍公司的薪酬制定依据。同时为保证薪酬制度的适用性，公司要对薪酬体系做定期调整。

评定一个薪酬方案的好与坏，关键看能否有效实施，能否获得预想的效果，也就是能否使员工对获得的薪酬满意，能否调动他们的积极性。在实施过程中，需要企业管理者对岗位薪酬体系进行监督、评价、修正和控制。

1. 薪酬方案模拟实施

建立模拟库。建立薪酬模拟库是设计新的薪酬体系的关键，因为薪酬体系的调整会影响到所有员工的切身利益。

薪酬方案模拟实施。薪酬方案模拟实施可以与实际薪酬支付同步进行。

模拟结果分析。模拟结果分析是将新的薪酬制度与原有薪酬体系对企业和员工的影响进行对比。模拟结果分析应当涉及工资总额变化、每个员工工资的变化、不同岗位工资变化趋势等方面。

2. 方案的评估与最终确定

对工资模拟的结果进行分析后，薪酬设计者可以初步得出此方案能否实现企业的最终目标以及设计初衷，在对方案的优缺点、可行性和如果实施后可能引发的问题做出分析后，由企业高层管理人员对分析结果进行讨论和评价，最终决定方案正式实施与否。

七、不同岗位序列的薪酬设计

（一）管理人员的薪酬方案设计

管理人员的工作特点决定了其薪酬模式为基本薪金＋奖金＋福利。各自所占的比例没有统一的标准，根据地区、行业、企业经济性质的不同而有所差别。

1. 基本薪金

管理人员的基本薪金的确定可采取职位等级工资制，针对不同等级的职位赋予不同的薪金水平，同时要体现其管理能力、管理幅度、管理责任、管理难度和管理业绩。

2. 奖金

管理人员的奖金设计要充分体现其业绩水平，以更好地发挥奖金的激励作用。

3. 福利

对管理人员的福利计划也要体现其特点，具体内容如下：

第一，管理人员承担着对员工的直接指挥任务，对管理技能水平的要求比较高，因此，要因人而异地为其设计一些提升管理能力方面的培训计划，帮助其提高管理能力。

第二，管理人员管理任务重，工作时间长，有的甚至要长期盯在生产岗位上，与员工吃住在一起，无暇照顾家庭与子女，因此要有意识地增加服务福利项目，为基层管理人员提供更多的家庭服务，解决其后顾之忧，比如提供子女入托、家务料理服务等。

（二）专业技术人员的薪酬模式

从能力趋向的角度看，专业技术人员的基薪要根据专业技术人员的工作特点，充分考虑专业技术人员的能力成长，划分不同的阶段，设计不同等级的薪酬。一般来讲，人的职业工作能力的发展可划分为六个阶段：培育期、成长期、成熟期、鼎盛期、维持期和衰退期。这六个阶段员工的职业工作能力所表现出来的特点如下：

1. 培育期

员工刚步出学校走向工作岗位，职业能力低，不能独立开展工作，但工作热情高，学习能力强，精力充沛，因此职业能力逐步提升。但是，易犯急躁冒进的毛病。

2. 成长期

员工的职业能力在经过培育期后得到快速成长，具备了独立从事本专业领域内涉及面较窄、操作较简单的工作的基本素质和专业技能，但一遇到较为复杂的局面就感觉难以驾驭，心态浮躁，徘徊观望，职业的稳定性较差。

3. 成熟期

随着阅历的不断丰富，职业能力继续全面提升，具备了较强的职业工作能力，能够驾驭较为复杂的局面。成熟期员工普遍渴望有一个良好的工作平台，以便独立施展其才华。

4. 鼎盛期

员工职业能力处于鼎盛阶段，具备了一定的事业基础，并强烈地追求事业的更大成功。鼎盛期员工渴望扩大自己的事业基础以得到社会的广泛认可，但职业能力继续提升的余地有限。

5. 维持期

员工职业工作能力的提升受到限制，但能够投入更多的时间于工作和事业中，虽然精力不如从前，但尚足以应付工作中的复杂局面，在专业领域还有可能出现第二个职业的高峰。

6. 衰退期

员工的职业工作能力处于衰退阶段时，其精力已经很难胜任繁重的研发工作或者驾驭全局，逐渐从一线退居二线，选择接班人，扶持其工作，不忘组织的培养，发挥自己的余热。

与职业工作能力的发展相对应，专业技术人员的职业生涯必须呈现两条不同的路径，一条是以职位等级提升为主线，另一条是以专业技术提升为主线，两条路径都是企业根据战略需要所鼓励的，因此在设计薪酬体系时，可以设计管理跑道和专家跑道，两条跑道可以是平行的。因此提出职位等级工资与专业技术等级工资并行的薪酬体系。

能力趋向把员工的薪酬提升与员工的职业能力提升结合起来，使员工在提升自己能力的同时，薪酬也不断得到提升，这有力地调动了员工学习和提升技能的积极性。

（三）操作技能岗位薪酬设计

操作技能岗位薪酬一般由计件／计时工资、奖金、津贴和福利构成，其中计件／计时工资是在岗位工资基础上测算出来的。岗位工资是员工基本收入，根据岗位的技术难度、工作强度、工作环境和相应责任来确定岗位等级，不同等级对应不同岗位工资。技能工资是员工按岗位等级考核所获得的技能等级收入，是对员工在岗位上表现出的特殊技能的认可。此外，这类岗位的津贴主要体现特殊工种性质和在特殊环境下工作的补贴。

下面主要说明计件／计时工资（相当于绩效工资）的设计：

根据岗位工资、工人的实际工时数／件数完成率以及质量情况计算工人的工资额。

计时／计件工资＝岗位工资 × 工作量完成率 × 品质系数

工作量完成率指员工实际完成的工作量与该规定的工作量的比值，品质系数指员工完成工作的质量，可根据产品成品率或质量标准合格率得出。

员工月实得工资＝（计时／计件工资＋技能工资＋岗位津贴）× 月业绩考核结果 × 出勤率

第三节　薪酬制度

一、现代企业薪酬制度的含义

薪酬是指一个企业组织根据员工为本企业所做贡献的大小，如员工所实现的绩效、付出的努力、时间、管理、技能、经验与创新等，向该员工提供的以货币形式和非货币形式表现的相应补偿或报酬。其中以货币形式表现的可以称为“物质报酬”，它包括基本薪酬、奖金、津贴和福利四部分，并具有相对的稳定性。以非货币形式表现的可以称为“精神薪酬”，它主要是指员工对工作本身或对工作环境在心理上所带来的满足感的体验，也包括工作本身的挑战性、责任感和发展机会，以及工作环境上的良好的同事关系、舒适的工作时间和适当的社会地位标志等。

这两大类薪酬构成了一个完整的薪酬系统，它的合理性及其完善的管理在很大程度上激发了员工的潜能，使员工工作数量和质量得以提高。而薪酬对一个企业而言，不仅意味着对员工劳动价值的肯定，而且还意味着对员工的关怀和尊重。社会的发展也逐渐使企业将员工的精神薪酬放在重要的位置上，且将它作为企业文化的一个重要组成部分来进行诠释，从而形成一种对员工的吸引力和凝聚力。

现代薪酬体系并不是固定不变的，它表现为两层含义：一是根据公司生产经营和发展情况对薪酬制度进行及时的更新、调整和完善；二是根据各方面员工的积极性的需要随时调整各种员工报酬在报酬总额中的比重，适时调整激励对象和激励重点，以增强激励的针对性和效果。一般情况包括基本工资、奖金、员工福利和特殊薪酬。

目前，国外一些企业所实行的将员工加班时间和一些合理化建议转化为基金，通过基金的运作使其保值、增值，让员工灵活安排工作和休假时间、增加退休待遇以及分享企业发展成果的一种特殊薪酬方式（被称为“时间有价证券”），更使得现代薪酬体系表现为一种动态性。这种薪酬方式对员工来说可以增加积累与投资，更好地分享企业发展成果，降低职业风险，灵活安排工作和休假时间，甚至可以安排提前退休；对企业来说可以根据生产需要灵活地调节生产，扩大企业生产投资基金，在照顾员工利益的同时，使自身利益达到最大化，还可以增加企业凝聚力；对社会来说，可以缓解就业压力，降低失业率，缓解退休金压力，扩大社会资本，促进经济发展。

另外，针对高级管理人员所采用的长期激励制度，如股票期权、股票增值计划等，也被越来越多的企业所重视。这种以期权激励的方式为高级管理人员在经营的过程中能够充分发挥其自身价值提供了空间，也为其谋求长期“职业生涯”奠定了比较稳定的制度环境基础，同时也使企业能够留住高层人才，增强企业管理层的稳定性，使企业的投入达到最优。这种薪酬方式也正被我国企业所接受。

二、企业薪酬制度制定的考虑因素

企业在制定薪酬制度时所需要考虑的第一个决定因素是社会薪酬水平，一般而言，社会薪酬水平和整个社会经济发展状况有关，具体分为行业薪酬水平和地区薪酬水平。在现代社会中，由于信息的高度发达，信息流通非常方便快捷，使得劳资双方都可以通过薪酬调查来获得比较准确的劳动力市场价格，谁把握得更准确谁就拥有主动权。因此任何一个企业在制定人力资源战略并围绕薪酬制度来运作时，对社会薪酬水平的准确把握是必不可少的。只有充分把握社会整体的薪酬水平，了解本地区、本行业的人力资源情况，自己的薪酬计划与之挂钩，这样才能使企业的薪酬水平对外具有竞争力，对内具有激励性。

除了社会薪酬水平对决定企业薪酬水平有作用外，企业薪酬水平还受到以下几方面的

影响:

（一）企业文化

在企业文化比较发达的企业中，常常会有各种各样的物质或精神上的激励来形成员工的凝聚力和创造力。比如，定期举行联欢活动或体育比赛，补偿员工学习培训的成本。

（二）企业经营战略

企业制定薪酬制度应考虑企业的经营战略来确定薪酬水平。对那些处于迅速成长阶段的企业，经营战略是以投资促进企业成长，为了与这个经营战略保持一致，薪酬制度应该具有较强的激励性，要做到这一点，企业应该着重将高额报酬与中高程度的奖励结合起来；对处于成熟阶段的企业，其经营战略基本上以保持利润和保护市场为目标，与此相适应，薪酬制度应以奖励市场开拓和新技术开发及管理技巧为主，采用一般水平报酬；对处在衰退阶段的企业，其经营战略是收获利润并转移目标，转向新的投资点，与这种战略目标相适应，薪酬制度则应实行低于中等水平的基本工资、标准的福利水平，同时采用适当的刺激与鼓励措施并直接与成本控制相联系，避免提供过高的薪酬。

（三）员工自身因素

员工的资历（职务、年龄和工龄等)、经验、潜力、技能都会影响薪酬的设定。

劳动力市场状况、劳动力市场（包括人才市场）人才的供求情况和竞争对手之间的人才竞争都会直接影响薪酬的设定。从微观经济学来讲，在其他条件不变的情况下，社会上可供企业使用的劳动力少于本企业需要时，企业必须采取提薪的方式来吸引有限的劳动力，从而满足企业的劳动力需求；相反则可以采用压低薪酬水平的方法减少生产成本，或者采用一般薪酬水平来吸引高质量的人才来为企业效力。还有当地生活水平、国家政策法规以及员工在企业的重要程度等都会影响企业的薪酬制度的制定。

三、企业薪酬制度制定原则

（一）公平原则

企业员工对薪酬发放是否公平的认识与判断，是设计制定薪酬制度时的一个重要因素，它包含同一行业、同一地区或同一规模的不同企业中相似职务的薪酬水平。在同一企业中，同工同酬，不同工种应与其对企业所做贡献的大小成正比。

（二）合理原则

有些企业为了吸引人才，不惜重金聘请高级人才为企业效力，这本身无可厚非，但是，如果选来的或者挖到的人才并不适合企业自身的需要，不仅不能给企业带来效益，反而会给外界一个不良印象。另外，提高企业的薪酬水平，可以提高其竞争性与激励性，但同时也会导致企业人力成本的增加，因此，企业在制定薪酬制度时应考虑企业的成本承受能力。

（三）合法原则

合法原则要求企业在制定薪酬制度时必须符合现行的政策和法律，否则会出现劳资纠纷，陷入麻烦的境地。

（四）激励原则

激励原则是指薪酬制度要在内部各类、各级职务的水平上适当地拉开差距，真正体现薪酬的激励效果，从而提高员工的工作热情，使其为企业做出更大的贡献。薪酬不仅包括物质上的支付，还有精神上的支付，如职业安全、自我的发展、地位象征和成就感等，这些都是内在的激励方式，都能体现薪酬激励原则，企业在制定薪酬制度时也可以考虑这些方式。

薪酬作为激励因素，在现代企业管理中的作用越来越重要。企业必须根据自身的发展状况、社会相关行业的薪酬水平，以及员工所负担工作的具体工作职责、管理任务、学识水平、工作环境等多种因素，做出系统分析，最后制定出合理的薪酬制度。

四、薪酬制度的类型

薪酬制度是指企业根据员工在不同时期和条件下提供的劳动数量和质量的不同，对员工相应的劳动报酬采取的不同计算与支付方式。它是薪酬理论的重要组成部分，主要有以下五种类型：

（一）工作工资制

工作工资制是对事不对人，员工工资与岗位、职务挂钩，不考虑超出岗位要求以外的个人能力。

（二）能力工资制

能力工资制是对人不对事，岗位的变动一般不影响工资。

（三）绩效工资制

绩效工资制采用个人绩效与团队绩效、长期激励与短期激励紧密挂钩的灵活的薪酬体系，将薪酬与绩效紧密结合，绩效薪酬随绩效的变动而变动。

（四）结构工资制

结构工资制发挥了工资的各种职能作用，灵活性和适应性较强。

（五）年薪制

年薪制是随着经济和管理的发展，在结构工资中新出现的一个比较特殊的类型。年薪制是指企业以一个经济核算年度为时间单位确定经营者的基本报酬，并视其经营成果确定其效益收入的薪酬制度，充分体现人的能力大小。

五、薪酬的计量形式

工资就其计量形式而言可分为计时工资和计件工资两类，基本计量形式、其他工资形式都是它们的转化和组合形式。

（一）计时工资

计时工资是根据员工的劳动时间来计量工资的数额。根据时间单位的不同，计时工资又分为小时工资制、日工资制、周工资制和月工资制。

计时工资是根据投入的时间和努力程度为基础计算的报酬形式，与产量没有直接的关系。对一些劳动投入不容易计算的工作岗位，最常见的计量标准就是工作所消耗的时间。计时工资计量标准固定统一，易于管理，雇员的收入相对稳定。对员工而言，计时工资的风险比较小，但激励水平比较低；对企业而言，实施计时工资的风险比较大。

计时工资的适应性强，实行范围广泛，任何部门、任何单位和各类工种、岗位均可采用。其中，最适用于以下行业、企业、车间、工种和岗位：

第一，机械化、自动化水平较高、技术性强、操作复杂，产品需要经过多道工序、多道操作才能完成，不易单独计算个人的劳动成果的行业和工种。

第二，劳动量不便于统计计量的企业行政管理人员和技术人员等。

第三，劳动成果难以直接反映员工的技术水平和业务能力的工作，如基础研究和实验性生产工作。

（二）计件工资

计件工资是根据员工生产的合格产品的数量或完成的一定工作量来计量工资的数额。计件工资的形式可根据具体的生产性质和特点进行选择，一般可分为个人计件和集体计件。

与计时工资形式相比较，计件工资具有以下优点：

第一，计件工资准确地反映了员工的实际工作付出，使得员工对自己所付出的劳动和能够获得的劳动报酬心中有数，因此员工容易产生公平感。

第二，计件工资的实行有助于促进企业经营管理水平的提高。因为计件工资在实行过程中要求企业在产品的质量、劳动定额、物资供应、各种统计资料、各部门分工协作，以及新产品的开发等各方面有配套的、健全的管理体制，这种要求必将促进整个企业的经营管理水平不断提高。

第三，计件工资收入直接取决于劳动者在单位时间内生产合格产品数量的多少，因此可以刺激劳动者从物质利益上关心自己的劳动成果，激励员工努力工作、努力学习，不断提高技术水平与劳动熟练程度，提高工时利用率，加强劳动纪律，这对企业职工素质和劳动生产率的提高都是十分有利的。

计件工资也存在一些缺点，如对工资的追求会使员工们不关心提高质量和减少废品比率；不利于团队工作；可能使员工反对企业引进新技术、新设备或先进的管理方法。

计件工资实行的前提是员工的工作业绩能够准确计量，因此，它的适用范围没有计时工资广泛，主要应用于生产一线的操作工人。

第四节　员工福利

一、福利的含义

福利是企业为满足员工的生活需要，除了工资、奖金以外向员工个人及其家庭所提供的货币、实物和服务等一切待遇。员工福利也可分为社会性福利和企业内部福利。社会性福利通常指国家、政府和法律、法规所规定的、强制性的基本福利制度，如养老保险、失业保险、生育保险、带薪年假、婚丧假等；而企业内部福利是指企业内部自行设定的一些福利内容，如旅游项目、补充养老金、公积金、生日蛋糕、节假日的津贴、礼物等。

相对工资、奖金而言，福利有其自身的特点，具体内容如下：

（一）针对性

企业为员工提供的福利一般具有明显的针对性。如集体宿舍、接送员工上下班的交通车，都是用于满足员工的某一特定需求而设立的。

（二）补偿性

福利是对员工为企业提供劳动的一种物质补偿，也是员工薪资收入的补充分配形式。它只起到满足员工生活有限需求的作用，不像工资那样满足员工的基本需要。

（三）均等性

福利与工资、奖金不同，它不是以员工对企业的相对价值以及当前的贡献为基础的，企业所有的员工，不管是谁，只要符合条件都可以享受。不同员工由于能力、个人贡献的不同，造成了工资收入上的差距，差距过大会对员工的积极性和凝聚力产生不利的影响，而福利的均等性在一定程度上起着平衡员工收入差距的作用。

（四）集体性

兴办员工集体消费活动或共同使用的公共物品是企业福利的主体形式，因此集体性是员工福利的另一个重要特征。集体福利除了可以满足员工某些物质性的需求之外，还可以强化员工的团队意识和对企业的归属感。

二、福利的类型

（一）住宅性福利

住宅性福利是许多企业为激励和留住员工，特别是为年轻和新进企业的员工解决住房问题而采用的重要手段。为员工提供免费的宿舍、购买住房公积金、为员工购房提供无息贷款，是企业住房福利的主要表现形式。

（二）交通性福利

企业提供接送员工上下班的免费的交通车，或者为员工提供交通补助。

（三）饮食性福利

饮食性福利表现为为员工提供免费或低价的工作餐、提供工作时的免费饮料、报销公关应酬饮食、免费发放食品、集体折扣等。

（四）医疗保健福利

医疗保健福利主要表现为免费定期或年度体检及注射疫苗、报销或补贴药费或滋补营养品，以及职业病免费防护、治疗。

（五）集体生活、娱乐福利

企业组织的集体文化活动如晚会、舞会、郊游、野餐、体育竞赛等；企业自建的活动设施如运动场、游泳池、健身房、阅览室等；免费发放或折扣价电影、戏曲、表演、球赛票券；免费订票服务。

（六）教育培训福利

企业为员工提供免费的培训、教育或免费的教育设施与服务。近年来，随着企业对人才培养和使用的重视，企业纷纷加大员工培训费用的投入。

（七）带薪休假

除每周末及法定假日或病假、产假外，员工每月及每年都有若干带薪事假日，时间长短通常与员工服务年限或年资工龄相关。

（八）节日津贴

目前，大多数企业会利用节假日为员工提供一些实物或货币补助。

三、自助式福利

为了更好地激励员工，充分考虑到不同员工的不同需求，由员工自行挑选的福利管理模式，正如自助餐一样，可以让员工自由挑选所喜欢的福利形式，这种福利形式可称为自助式福利。

自助式福利的最大优点在于它恰当地提供了员工所需要的物品，使员工的需要得到满足，从而使福利的总效用达到最大化。由于每个人得到的都是他想要的，自然他的需要满足程度要大于或等于他收到的公司统一发放的福利物品的满足程度，因此，总体的效用就会得到大大提升，使相同价值的福利物品的效用归于最大化。但这种福利形式也有一定的缺点：它给公司的人力资源部门带来了新的工作任务，加大了管理工作的复杂性。

第六章　劳动关系管理

第一节　劳动关系管理

一、劳动关系概述

劳动关系是社会生产和生活中人们之间最重要的联系之一。全世界大多数劳动人口正在用主要精力从事“工作”，并将“工作”作为主要收入来源。劳动关系对劳动者、企业（雇主）和整个社会有着深刻的影响。对劳动者来说，工作条件、工作性质、薪酬福利待遇，将决定他们的生活水平、个人发展的机会、个人的尊严、自我认同感和身心健康；对企业来说，员工的工作绩效、忠诚度、工资福利水平都是影响生产效率、劳动力成本、生产质量的重要因素，甚至还会最终影响企业的生存和发展；对整个社会而言，劳动关系还会影响经济增长、通货膨胀和失业的状况、社会财富和社会收入的总量和分配，并进一步影响全体社会成员的生活质量。因而，研究劳动关系具有重要的理论和现实意义。

（一）劳动关系的概念及构成要素

1. 劳动关系的概念

（1）含义

劳动关系又称为劳资关系、雇佣关系，是指社会生产中，劳动力使用者与劳动者在实现劳动过程中所结成的一种社会经济利益关系。

从广义上讲，生活在城市和农村的任何劳动者与任何性质的用人单位之间因从事劳动而结成的社会关系都属于劳动关系的范畴。

从狭义上讲，现实经济生活中的劳动关系是指依照国家劳动法律、法规规范的劳动法律关系，即双方当事人是被一定的劳动法律规范所规定和确认的权利和义务联系在一起的劳动关系。其权利和义务的实现，是由国家强制力来保障的。劳动法律关系的一方（劳动者）必须加入某一个用人单位，成为该单位的一员，并参加单位的生产劳动，遵守单位内部的劳动规则；而另一方（用人单位）则必须为劳动者提供工作条件及按照劳动者的劳动数量和质量给付其薪酬，并不断改善劳动者的物质文化生活。

（2）称谓

对劳动关系的研究在各国广泛存在。但是，由于各国社会制度和文化传统等因素各不相同，对劳动关系的称谓又有所不同。劳动关系在不同的国家又被称为劳资关系、雇佣关系、劳工关系、劳使关系和产业关系等。

表 6-1　劳动关系不同称谓强调的重点不同

劳动关系的不同称谓	强调的重点
劳资关系	相对资本与劳动之间的关系而言，反映的是生产资料的提供者与劳动者之间的关系，突出两者之间的对立地位
劳工关系	更加强调劳工的地位，突出劳动者和雇佣方之间的关系是以劳动为重点和核心展开的
雇佣关系	强调受雇者与雇佣者之间的关系，主要是指个体的劳动关系，一般不包括集体的劳动关系
劳使关系	强调技术性意义，减少价值判断，显得中性、温和
雇员关系	从人力资源管理的角度提出的概念。强调以企业为中心，劳动者是企业的雇员，注重个体层次上雇主与雇员的交流，蕴含了和谐与合作的精神
产业关系	泛指产业及社会中管理者与受雇者之间的所有关系，强调劳资双方及其相关组织在工作场所和在整个社会中的相互作用

2. *劳动关系构成要素*

（1）主体

从狭义上来讲，劳动关系的主体包括劳动者和用人单位两方，以及代表劳动者利益的工会组织和代表用人单位利益的雇主组织。广义的劳动关系主体还包括政府，因为政府通过立法等手段对劳动关系进行干预。

①劳动者

劳动者是指有劳动能力的人，受雇于自然人或组织，以出卖劳动力而获得劳动报酬的工作人员。可见劳动者是被用人单位依法雇用的人，在用人单位管理下从事劳动，并且领取报酬作为主要的生活资料来源。

②工会

工会是由劳动者组成的，主要通过集体谈判方式来维护劳动者在工作场所及整个社会中的利益，因而是与用人单位及其社会势力形成抗衡的组织。

③用人单位

用人单位在许多国家则称为雇主或雇佣人，是指具有用人资格，即用人权利能力和用人行为能力，使用劳动力组织生产劳动且向劳动者支付工资报酬的单位。各国对用人单位范围的界定不尽相同。在我国，法律界定的用人单位包括：企业，包括各种所有制经济、各种组织形式的企业；个体经济组织，即个体工商户；国家机关，包括国家权力机关、行政机关、审判机关和检察机关、执政党机关、政治协商机关、参政党机关、参政团体机关；事业组织，包括文化、教育、卫生、科研等各种非营利单位；社会团体，包括各行各业的协会、学会、联合会、研究会、基金会、联谊会、商会等民间组织；民办非企业单位，指企业事业单位、社会团体和其他社会力量以及公民个人利用非国有资产设立、从事非营利性社会服务活动的社会组织。

④雇主协会

雇主协会是由雇主（用人单位）组成，旨在维护雇主利益，并规范雇主与雇员之间以及雇主与工会之间的关系的组织。雇主协会不同于行业协会，纯粹的行业协会不处理劳动关系，而是处理营销、定价及技术等行业事务，而大部分雇主协会除了要处理行业事务外，更重要的是处理劳动关系。雇主协会可以分为三种类型：在地区协会基础上形成的全国性雇主协会，由某个行业的企业组成的单一产业的全国协会，由同一地区企业组成的地区分会。

⑤政府

在劳动关系的发展过程中，政府不仅要受到劳资双方合作与冲突的影响，而且要通过立法和规制来调整、监督和干预劳动关系，实现政府稳定社会和获取政治支持的目的，因而政府在劳动关系中扮演着重要角色。具体来讲，政府首先是劳动关系立法的制定者，通过立法介入和影响劳动关系；其次是公共利益的维护者，通过规制、监督和干预等手段促进劳动关系的协调发展；再次是公共关系的裁判者，努力维护劳资双方的合法权益；最后是雇主，以雇主身份直接参与和影响劳动关系。劳动关系各主体间的关系如图 6-1 所示：

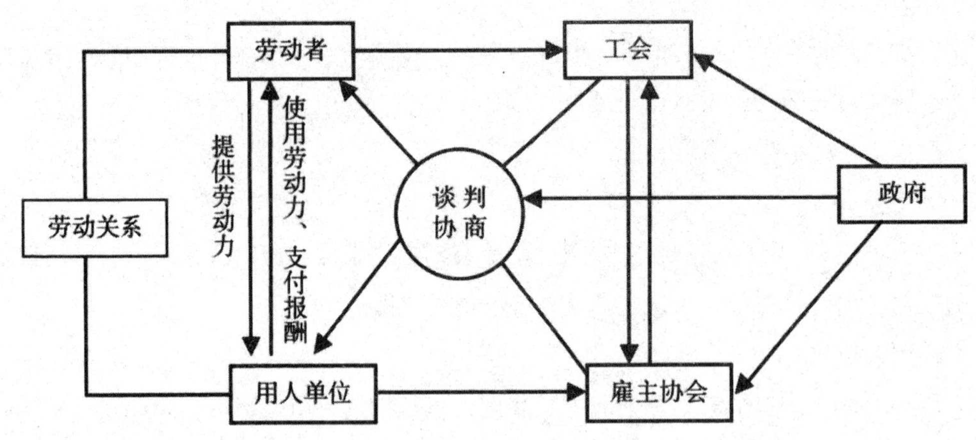

图 6-1　劳动关系各主体间的关系图

（2）客体

劳动关系的客体是劳动权利和劳动义务指向的对象——劳动力。劳动者作为劳动力所有者有偿向用人单位提供劳动力，用人单位则通过支配、使用劳动力来创造社会财富，双方权利义务共同指向的对象就是蕴含在劳动者体内，只有在劳动过程中才会发挥出作用的劳动力。

作为劳动关系的客体，劳动力具有如下特征：

①劳动力存在的人身性

劳动力存在于劳动者身体内，劳动力的消耗过程亦即劳动生命的实现过程。这使劳动法律关系成为一种人身关系。

②劳动力形成的长期性

劳动力生产和再生产的周期比较长，一般至少需要 16 年，有些能力的形成还需要更长的时间。形成体力和脑力的劳动能力需要大量的投资，这部分投资主要是劳动者个人负担的。

③劳动力存续的时间性

劳动能力一旦形成是无法储存的，而过了一定时间又会自然丧失。

④劳动力使用的条件性

劳动力仅是生产过程的一个要素，只有与生产资料结合起来才能发挥作用。劳动力的这些特征要求国家对劳动力的使用采取一些特殊的保障措施，既能使劳动能力得以发挥，又能使劳动者不受伤害。

（3）内容

劳动关系的内容可以用“权利、义务”来概括。在公司与劳动者的相互关系中，一方的权利就是另一方的义务，习惯上人们用“劳动者的权利、义务”概括劳动关系的内容。

①劳动者享有八项权利

平等就业和选择职业的权利；取得劳动报酬的权利；休息休假的权利；获得劳动安全

卫生保护的权利；接受职业技能培训的权利；享受社会保险和福利的权利；提请劳动争议处理的权利；法律规定的其他劳动权利。

②劳动者的义务

首先，劳动者有完成劳动任务的义务。劳动者一旦与用人单位发生劳动关系，就必须履行其应尽的义务，其中最主要的义务就是完成劳动生产任务。这是劳动关系范围内的法定的义务，同时也是强制性义务。劳动者不能完成劳动义务，就意味着违反劳动合同的约定，用人单位可以解除劳动合同。

其次，提高职业技能、执行劳动安全卫生规程，遵守劳动纪律和职业道德的义务。劳动纪律是劳动者在共同劳动中所必须遵守的劳动规则和秩序。它要求每个劳动者按照规定的时间、质量、程序和方法完成自己应承担的工作。职业道德是从业人员在职业活动中应当遵循的道德，其基本要求是忠于职守，并对社会负责。

最后，根据用人单位要求，保守商业秘密的义务。

（二）劳动关系与事实劳动关系

现实生活中大量存在着未签订书面劳动合同但又实际存在着劳动关系的情况，对社会稳定、和谐和社会的经济发展带来严重阻碍，从而导致社会劳动关系处于不是常态的环境之中。

1. 事实劳动关系

在我国，事实劳动关系是指用人单位与劳动者之间既无劳动合同又存在着劳动关系的一种状态。产生事实劳动关系的主要原因在于：用人单位与劳动者确立劳动关系时，未按国家有关规定签订劳动合同；合同期满后当事人既未续订劳动合同，又没有终止原先的劳动合同。

2. 界定事实劳动关系

用人单位和劳动者虽然没有签订书面劳动合同，但劳动者已经成为用人单位的一员，身份上具有从属关系，双方确已形成了劳动权利义务关系的，可以综合下列情况认定为事实劳动关系：①劳动者已经实际付出劳动并从用人单位取得劳动报酬；②用人单位对劳动者实施了管理、指挥、监督的职能；③劳动者必须接受用人单位劳动纪律和规章制度的约束。用人单位与劳动者发生劳动争议不论是否订立劳动合同，只要存在着事实劳动关系，符合劳动法适用范围及劳动争议受案范围，仲裁机构均应处理。

3. 证明事实劳动关系

证明用人单位与劳动者之间存在事实劳动关系，需要提供相关证据。用人单位与劳动者签订劳动合同，认定双方存在劳动关系时可参照下列凭证：①工资支付凭证或记录（职工工资发放花名册）、缴纳各项社会保险费的记录；②用人单位向劳动者发放的工作证、服务证等能够证明身份的证件；③劳动者填写的用人单位招工招聘登记表、报名表等招用记录；④考勤记录；⑤其他劳动者的证言等，如同事证言、工资卡(条)、工作证、名片、劳动手册、规章制度（签名的)、工作服、社保记录、公司相关证明等。

二、劳动关系管理的含义

所谓劳动关系管理，就是指以促进企业经营活动的正常开展为前提，以缓和和调整企业劳动关系的冲突为基础，以实现企业劳动关系的合作为目的的一系列组织性和综合性的措施和手段。由对企业劳动关系管理的界定可以看出，劳动关系管理的基本领域主要在于两方面：一是限于促进企业劳动关系合作的事项内，二是限于缓和和解决企业劳动关系冲突的事项内。这里所分析的劳动关系管理是就规范意义上而言的，即主要分析有工会组织存在的企业劳动关系的管理。

三、劳动关系管理风格

劳动关系管理风格是企业劳动关系形成的基础。从理论上说，管理风格有一元论和多元论两种类型。一元论认为，可以把员工划分为若干等级，企业通过建立内部等级制度，抑制冲突，以实现组织目标；多元论认为，实现共同目标可用多种方法，冲突是不能压制的，管理者应当通过协调管理者与员工的关系实现组织目标。从总体上说，组织中主要有五种劳动关系管理风格：

（一）传统式

这种风格由所谓权威主义所指导，一般适用于小的由所有者自己管理的企业。在这种企业中，劳动关系在出现问题之前一般不会受到重视，企业通常采用救火式的方法，发现什么问题才解决什么问题，不重视从根本上解决。企业文化是强硬式的，是一种权威式的管理风格，行业工会也被这些企业认为是不需要的，企业主尽可能少地付给雇员工资，对待行业工会的态度也是恶意的。

（二）温情式

这是一种家长主义的管理风格。这类企业支付给劳动者的工资通常高于市场平均水平，在用人上雇主十分小心地选择合适的人员，然后花大量的精力使劳动者忠诚于企业的目标。企业文化主要倡导企业家精神。

（三）协商式

奉行协商式管理风格的企业，通过综合应用其雇员关系中正式的和非正式的机制进行运作，其前提是管理人员应该具有前瞻性计划并采取了前瞻性行动，因而被称作解决问题式的管理风格。这种管理风格非常强调向工会和员工咨询，鼓励他们寻找解决问题的方法，以试图与他们达成协议。

（四）法制式

这是一种类似协商式的管理风格。与协商式管理风格相同，法制式的管理风格具有关注前瞻性的计划，管理者与行业工会共同工作，员工参与主要通过行业工会的渠道实现的特点。其与协商式管理风格的不同之处在于，对待雇员关系的方法较为强硬和充满敌意，更注重正式的管理协议，通过在工作场所进行强有力的双边谈判来实现和平共处。协商位于双方的谈判之后。

（五）权变式

权变式的管理风格由权变理论所指导，它依赖子公司所拥有的权力并根据当地的情况管理劳动关系，是一种实用的方法。在很多不同的行为内运作是联合大型企业的特点，子公司向母公司负责利润，当然也提供一些关键性服务。因此行业工会可能被认可，也可能不被认可；员工参与可能普遍存在，也可能不普遍存在；工资的给付在由高层管理者给定的范围内由各个企业自己确定。

第二节　劳动合同管理

一、劳动合同的概念

（一）劳动合同的含义及特点

1. 劳动合同的含义

劳动合同是劳动者和用人单位之间关于订立、履行、变更、解除或者终止劳动权利义务关系的协议。《中华人民共和国劳动合同法》（简称《劳动合同法》）是我国第一部较完整的调整劳动合同关系的法律。该法的颁布和实施，对我国的用工单位和劳动者依法保护自己的合法权益提供了更完整的法律依据。

2. 劳动合同的特点

劳动合同除具有合同的一般特点外，还具有自身的法律特征。

（1）劳动合同的主体是劳动者与用人单位

劳动者必须是依法具有劳动权利能力和行为能力的公民。作为劳动合同另一方当事人的用人单位，必须是依法设立的企业、事业组织、国家机关、社会团体或者个体经济组织。

（2）劳动合同的内容是劳动者与用人单位双方的权利和义务

劳动者要承担一定工种、岗位或职务的工作，完成劳动任务，遵守用人单位的内部规则和其他规章制度；用人单位为劳动者提供法律规定或双方约定的劳动条件，给付劳动报酬，保障劳动者享有法定的或约定的各项政治、经济权利和其他福利待遇。

（3）劳动合同的标的是劳动者的劳动行为

劳动者实现就业权利后，相应地有完成其劳动行为的义务；用人单位实现用人权利后，组织管理劳动者完成约定的劳动行为，并有义务支付劳动者的报酬，为职工缴纳社会保险和提供福利。

（4）劳动合同的目的在于确立劳动关系，使劳动过程得以实现

劳动合同是确立劳动关系的法律形式，劳动合同一经订立，就成为规范双方当事人劳动权利和义务的法律依据。

（二）劳动合同的内容

劳动合同的内容是劳动者与用人单位双方通过协商所达成的关于劳动权利和劳动义务的具体规定。其内容必须符合国家法律、行政法规的规定，包括国家的劳动法律、法规，也包括国家的其他法律、行政法规。劳动合同的内容具体表现为劳动合同的条款，根据条款内容是否为劳动合同所必须，可分为法定条款和商定条款两部分。

1. 法定条款

第一，用人单位的名称、住所和法定代表人或者主要负责人。

第二，劳动者的姓名、住址和居民身份证或者其他有效证件号码。

第三，劳动合同期限。劳动合同期限可分为固定期限、无固定期限和以完成一定工作任务为期限。签订劳动合同主要是建立劳动关系，但建立劳动关系必须明确期限的长短。合同期限不明确则无法确定合同何时终止，如何给付劳动报酬、经济补偿等，会引发争议。

第四，工作内容和工作地点。所谓工作内容，是指劳动法律关系所指向的对象，即劳动者具体从事什么种类或者内容的劳动，这里的工作内容是指工作岗位和工作任务或职责。工作地点是劳动合同的履行地，是劳动者从事劳动合同中所规定的工作内容的地点，它关系到劳动者的工作环境、生活环境以及劳动者的就业选择，劳动者有权在与用人单位建立劳动关系时知悉自己的工作地点。

第五，工作时间和休息休假。工作时间是指劳动时间在企业、事业、机关、团体等单位中，必须用来完成其所担负的工作任务的时间。一般由法律规定劳动者在一定时间内（工作日、工作周）应该完成的工作任务，以保证最有效地利用工作时间，不断地提高工作效率。

休息休假是指企业、事业、机关、团体等单位的劳动者按规定不必进行工作而自行支配的时间。休息休假的权利是每个国家的公民都应享受的权利。

第六，劳动报酬。劳动合同中的劳动报酬，是指劳动者与用人单位确定劳动关系后，

因提供了劳动而取得的报酬。劳动报酬是满足劳动者及其家庭成员物质文化生活需要的主要来源，也是劳动者付出劳动后应该得到的回报。因此，劳动报酬是劳动合同中必不可少的内容。

第七，社会保险。社会保险是政府通过立法强制实施，由劳动者、劳动者所在的工作单位或社区以及国家三方面共同筹资，帮助劳动者及其亲属在遭遇年老、疾病、工伤、生育、失业等风险时，防止收入的中断、减少和丧失，以保障其基本生活需求的社会保障制度。社会保险由国家成立的专门性机构进行基金的筹集、管理及发放，不以营利为目的。一般包括医疗保险、养老保险、失业保险、工伤保险和生育保险。

第八，劳动保护、劳动条件和职业危害防护。

第九，法律、法规规定应当纳入劳动合同的其他事项。

2. 商定条款

商定条款又称为约定条款或补充条款，即双方当事人在必备条款之外，根据具体情况，经协商可以约定的条款。主要包括：

（1）试用期

依据我国新颁布《劳动合同法》的规定，劳动合同期 3 个月以上不满 1 年的，试用期不得超过 1 个月；劳动合同期限 1 年以上不满 3 年的，试用期不得超过 2 个月；3 年以上固定期限和无固定期限的劳动合同，试用期不得超过 6 个月。同一用人单位与同一劳动者只能约定一次试用期。以完成一定工作任务为期限的劳动合同或者劳动合同不满 3 个月的，不得约定试用期。试用期包含在劳动合同期限内。劳动合同仅约定试用期的，试用期不成立，该期限为劳动合同期限。

（2）培训

针对实践中劳动者在用人单位出资培训后违约现象比较严重的情况，用人单位可以在劳动合同中约定培训条款或签订培训协议，就用人单位为劳动者支付的培训费用、培训后的服务期以及劳动者违约解除劳动合同时赔偿培训费的计算方法等事项进行约定。

（3）保守商业秘密

劳动合同当事人可以在劳动合同中约定保守用人单位商业秘密的有关事项。商业秘密，指不为公众所熟悉，能给用人单位带来经济利益，被用人单位采取保密措施的技术、经济和管理信息。保守商业秘密包括合同期内的保密问题以及合同终止后的竞业禁止。保密条款一般包括需要保守商业秘密的对象、保密的范围和期限及相应的补偿。

（4）补充保险和福利待遇

用人单位和劳动者除应当参加社会保险外，可以协商约定补充医疗、补充养老和人身意外伤害等条款。明确有关福利，如给员工提供的住房、通勤班车、带薪年休假、托儿所、幼儿园、子女入学等条件。

（5）其他事项

双方认为需要约定的其他内容，如对第二职业的限制、对归还物品的约定等。

3. 劳动合同与专项协议

劳动关系当事人的部分权利和义务可以以专项协议的形式规定。所谓专项协议，是劳动关系当事人为明确劳动关系中特定的权利义务，在平等自愿、协商一致的基础上达成的契约。专项协议可以在订立劳动合同的同时协商确定，也可以在劳动合同的履行期间因满足主客观情况的变化需要而订立。此种专项协议书约定在特定条件下用人单位和劳动者的权利义务，此时，劳动合同中约定的权利义务暂时中止执行。各项协议书是劳动合同的附件。

二、劳动合同的订立

（一）劳动合同订立的原则

订立劳动合同的原则，是指在劳动合同订立过程中双方当事人应当遵循的法律准则。《劳动合同法》第三条规定了订立劳动合同的原则："订立劳动合同，应当遵循合法、公平、平等自愿、协商一致、诚实信用的原则。"相比《中华人民共和国劳动法》(下简称《劳动法》) 增加了"公平"和"诚实信用"的原则。

1. 合法原则

合法原则，是指订立劳动合同的行为不得与法律、法规相抵触。合法是劳动合同有效并受国家法律保护的前提条件，它的基本内涵应当包括以下方面：

（1）订立劳动合同的主体必须合法

签订劳动合同的主体是用人单位和劳动者。主体合法，即当事人必须具备订立劳动合同的主体资格。用人单位的主体资格是指必须具备法人资格或经国家有关机关批准依法成立，必须有被批准的经营范围和履行劳动关系权利义务的能力，以及承担经济责任的能力；个体工商户必须具备民事主体的权利能力和行为能力。劳动者的主体资格，是指必须达到法定的最低就业年龄，具备劳动能力。任何一方如果不具备订立劳动合同的主体资格，所订立的劳动合同违法。

（2）订立劳动合同的目的必须合法

目的合法，是指当事人双方订立劳动合同的宗旨和实现法律后果的意图不得违反法律、法规的规定。劳动者订立劳动合同的目的是实现就业，获得劳动报酬；用人单位订立劳动合同的目的是使用劳动力来组织社会生产劳动，发展经济，创造效益。

（3）订立劳动合同的内容必须合法

内容合法，是指双方当事人在劳动合同中确定的具体的权利与义务的条款必须符合法律、法规和政策的规定。劳动合同的内容涉及工作内容、工资分配、社会保险、工作时间和休息休假以及劳动安全卫生等多方面的内容，劳动合同在约定这些内容时，不能违背法律和行政法规的规定。

（4）订立劳动合同的程序与形式合法

程序合法，是指劳动合同的订立，必须按照法律、行政法规所规定的步骤和方式进行，一般要经过要约和承诺两个步骤，具体方式是先起草劳动合同书草案，然后由双方当事人平等协商，协商一致后签约。形式合法，是指劳动合同必须以法律、法规规定的形式签订。《劳动合同法》第十条规定：“建立劳动关系，应当订立书面劳动合同。”明确了订立劳动合同的形式，并对不订立书面劳动合同的行为追究责任，对劳动者造成损害的，还要承担赔偿责任。

2. 公平原则

《劳动合同法》增加“公平”为订立劳动合同的原则，是要求在劳动合同订立过程及劳动合同内容的确定上应体现公平。公平原则强调了劳动合同当事人在订立劳动合同时，对劳动合同内容的约定，双方承担的权利义务中不能要求一方承担不公平的义务。如果双方订立的劳动合同内容显失公平，那么该劳动合同中显失公平的条款无效。如因重大误解导致的权利义务不对等，对同岗位的职工提出不一样的工作要求，对劳动者的一些个人行为做出限制性规定等，对劳动者，显失公平的合同违背了劳动者的真实意愿。因此，《劳动合同法》规定，“用人单位免除自己的法定责任、排除劳动者权利的”劳动合同无效。

3. 平等自愿原则

平等，是指订立劳动合同的双方当事人具有相同的法律地位。在订立劳动合同时，双方当事人是以劳动关系平等主体资格出现的，有着平等的、要求利益的权利，不存在命令与服从的关系，任何以强迫、胁迫、欺骗等非法手段订立的劳动合同，均属无效。这一原则赋予了双方当事人公平表达各自意愿的机会，有利于维护双方的合法权益。

自愿，是指订立劳动合同必须出自双方当事人自己的真实意愿，是在充分表达各自意见的基础上，经过平等协商而达成的协议。这一原则保证了劳动合同是当事人根据自己的意愿独立做出决定的；劳动合同内容的确定，必须完全与双方当事人的真实意思相符合。采取暴力、强迫、威胁、欺诈等手段订立的劳动合同无效。

4. 协商一致原则

协商一致，是指当事人双方依法就劳动合同订立的有关事项，应当采用协商的办法达成一致协议。这一原则是维护劳动关系当事人合法权益的基础。这条原则重点在“一致”，只有通过协商达到统一，才能真正体现平等自愿的原则。如果在订立劳动合同时，双方当事人不能达成一致的意思表示，劳动合同就不能成立。

5. 诚实信用原则

诚实信用，是合同订立和履行过程中都应遵循的原则。《劳动合同法》增加“诚实信用”为订立劳动合同的原则，表明当事人订立劳动合同的行为必须诚实，双方为订立劳动合同提供的信息必须真实。双方当事人在订立与履行劳动合同时，必须以自己的实际行动体现诚实信用，互相如实陈述有关情况，并忠实履行签订的协议。当事人一方不得强制或者欺骗对方，也不能采取其他诱导方式使对方违背自己的真实意思而接受对方的条件。有欺诈行为签订的劳动合同，受损害的一方有权解除劳动合同。在国外，雇员隐瞒重要事实，即使双方已经签订劳动合同，雇主也可以直接解除劳动合同。我国《劳动法》没有相应的规定，《劳动合同法》在明确了以欺诈签订的劳动合同无效或者部分无效的同时，对当事人存在这种情形的，允许另一方当事人解除劳动合同。

（二）订立劳动合同的程序

劳动者和用人单位在签订劳动合同时，应遵循一定的手续和步骤。根据《劳动法》的有关规定以及订立劳动合同的实践，签订劳动合同的程序一般为：

1. 提议

在签订劳动合同前，劳动者或用人单位提出签订劳动合同的建议，称为要约，如用人方通过招工简章、广告、电台等渠道提出招聘要求，另一方接受建议并表示完全同意，称为承诺。一般由用人方提出和起草合同草案，提供协商的文本。

2. 协商

双方对签订劳动合同的内容进行认真磋商，包括工作任务、劳动报酬、劳动条件、内部规章、合同期限、保险福利待遇等。协商的内容必须做到明示、清楚、具体、可行，充分表达双方的意愿和要求，经过讨论、研究，相互让步，最后达成一致意见。要约方的要约经过双方反复提出不同意见，最后在新要约的基础上表示新的承诺。在双方协商一致后，协商即告结束。

3. 签约

在认真审阅合同文书，确认没有分歧后，用人单位的法定代表人或者其书面委托的代理人代表用人单位与劳动者签订劳动合同。劳动合同由双方分别签字或者盖章，并加盖用人单位印章。订立劳动合同可以约定生效时间。没有约定的，以当事人签订或盖章的时间为生产时间。当事人签字或盖章时间不一致的，以最后一方签字或盖章的时间为准。

（三）无效劳动合同的确认及处理

无效劳动合同，是指当事人违反法律、法规或违背平等、自愿原则签订的不具有法律约束力的劳动合同。

1. 确认

《劳动合同法》规定，无效劳动合同主要有以下几种情形：

（1）内容不合法

主要指劳动合同内容中存在违反法律、行政法规的部分。其中“法律、行政法规”既包括现行法律、行政法规，也包括以后颁布实行的法律、行政法规；既包括劳动法律法规，也包括民事、经济方面的法律、法规。

（2）程序不合法

即采取欺诈、威胁等手段订立的劳动合同。其中“欺诈”是指：一方当事人故意告知对方当事人虚假的情况，或者故意隐瞒真实的情况，诱使对方当事人做出错误意思表示的行为；“威胁”是指以给公民及其亲友的生命、健康、荣誉、名誉、财产等造成损害为要挟，迫使对方做出违背真实意思表示的行为。

劳动合同的无效，经仲裁未引起诉讼的，由劳动争议仲裁委员会认定；经仲裁引起诉讼的，由人民法院认定。

2. 处理

劳动合同被确认无效后，按如下程序处理：

根据劳动合同的无效程度，确定审理的程序和方式。对全部无效的劳动合同，在查明事实、分清责任的基础上，制定无效劳动合同确认书，终止仲裁审理程序；对部分无效的劳动合同，无效部分以裁定方式处理，终止仲裁程序，有效部分按仲裁程序审理。

根据无效劳动合同是否造成财产损失以及责任大小，分别对有关当事人进行处理。对未造成财产损失的无效劳动合同，如双方发生劳动争议，一般由劳动争议仲裁委员会主持调解解决。对造成财产损失后果的无效劳动合同，当事人因此产生争议的，应根据损失大小和责任轻重，对当事人分别采取返还财产、赔偿损失的责任方式处理。“返还财产”是指有过错一方当事人因订立无效劳动合同而获得的财产，应当返还给因此受损失的对方当事人。“赔偿损失”是指对认定无效的劳动合同有过错一方当事人应当赔偿对方因此受的损失；双方都有过错的，各自承担相应的责任。《劳动法》规定，由于用人单位的原因订立的无效劳动合同，对劳动者造成损害的，应当承担赔偿责任。对双方当事人恶意串通订立无效劳动合同，损害国家利益和第三人利益的，要追缴双方已经取得的财产，将其收归国家所有或返还第三人。

重新确立合法的劳动关系。劳动合同被确认无效后，合同尚未履行的，应当责成当事人不得履行；正在履行的，应当责成当事人立即停止履行。对合法的劳动合同主体订立的无效劳动合同，可以由劳动争议仲裁机构主持，双方当事人自愿协商，按照法律、法规的要求，纠正无效的劳动合同，重新订立合法有效的劳动合同，使当事人之间的劳动关系合法化，受到法律的保护。

无效劳动合同自订立时起就不具有法律效力；劳动合同如属部分无效，又不影响其余部分的效力，则其余部分仍然有效，但对无效部分必须加以修改。

三、劳动合同的变更

劳动合同的变更是指在劳动合同开始履行但尚未完全履行之前，因订立劳动合同的主客观条件发生了变化，当事人依照法律规定的条件和程序，对原合同中的某些条款修改、补充的法律行为。劳动合同的变更，其实质是双方的权利、义务发生改变。合同变更的前提是双方原已存在着合法的合同，变更的原因主要是客观情况发生变化，变更的目的是继续履行合同。劳动合同的变更一般限于内容的变更，不包括主体的变更。

劳动合同依法订立后，即产生相应的法律效力，对合同当事人具有法律约束力。当事人应当按照约定履行自己的义务，不得擅自变更合同，但这并不意味着当事人就没有在合同生效后，变更相应权利、义务的途径，恰恰相反，当事人既可以经自由协商变更合同，也可以在约定或法定的条件满足时，行使合同的变更权。劳动合同的变更，要遵循平等自愿、协商一致的原则，任何一方不得将自己的意志强加给对方。引起劳动合同变更的主要原因包括：

（一）用人单位方面的原因

例如，企业经上级主管部门批准或根据市场变化决定转产或调整生产任务及生产项目。

（二）劳动者方面的原因

例如，劳动者身体状况发生变化、因病部分丧失劳动能力等。

（三）客观方面的原因

例如，劳动合同中部分条款与国家新颁布的法律、法规、政策相抵触，必须修改有关条款；劳动合同订立时所依据的客观情况发生重大变化，致使劳动合同无法履行。

劳动合同当事人一方要求变更劳动合同相关内容的，应当将变更要求以书面形式送交另一方，另一方应当在 15 日内答复，逾期不答复的，视为不同意变更劳动合同。具体做法是：第一，提出要求。向对方提出变更合同的要求和理由；第二，做出答复。在规定的期限内给予答复：同意、不同意或提议再协商；第三，签订协议。在变更协议书上签字盖章后即生效。

四、劳动合同的解除

劳动合同的解除，是劳动员工在期限届满之前，双方或单方提前终止劳动合同效力的法律行为，分为法定解除和协商解除。法定解除指法律、法规或劳动合同规定可以提前终止劳动合同的情况。协商解除指双方协商一致而提前终止劳动合同的法律效力。

（一）用人单位单方解除劳动合同

1. 过失性解除

劳动者有下列情况之一的，用人单位可以解除劳动合同：一是在试用期间被证明不符合录用条件的；二是严重违反用人单位的规章制度的；三是严重失职，营私舞弊，给用人单位造成重大损害的；四是劳动者同时与其他用人单位建立劳动关系，对完成本单位的工作任务造成严重影响，或者经用人单位提出，拒不改正的；五是因劳动合同是在欺诈、胁迫或者乘人之危，违背当事人真实意思的情况下订立的；六是被依法追究刑事责任的。

这六种情况是由于劳动者本身的原因造成的，劳动者主观上有严重过失，因而用人单位有权随时解除合同。过失性解除，不受提前通知的限制，不受用人单位不得解除劳动合同的法律限制，且不给予经济补偿。

2. 非过失性解除

劳动者有下列情形之一的，用人单位应当提前 30 天以书面形式通知劳动者本人或者额外支付劳动者 1 个月工资后可以解除劳动合同：一是劳动者患病或者非因工负伤，在规定的医疗期满后不能从事原工作，也不能从事由用人单位另行安排的工作的；二是劳动者不能胜任工作，经过培训或者调整工作岗位，仍不能胜任工作的；三是劳动合同订立时所依据的客观情况发生重大变化，致使劳动合同无法履行，经用人单位与劳动者协商，未能就变更劳动合同内容达成协议的。

3. 经济性裁员

这是一种特殊的用人单位单方解除劳动合同的情况。需要裁减人员 20 人以上或者裁减不足 20 人但占企业职工总数 10% 以上的，用人单位提前 30 日向工会或者全体职工说明情况，听取工会或者职工的意见后，裁减人员方案经向劳动行政部门报告，可以裁减人员：一是依照企业破产法规定进行重整的；二是生产经营发生严重困难的；三是企业转产、重大技术革新或者经营方式调整，经变更劳动合同后，仍须裁减人员的；四是其他因劳动合同订立时所依据的客观经济情况发生重大变化，致使劳动合同无法履行的。

裁减人员时，应当优先留用下列人员：一是与本单位订立较长期限的固定期限劳动合同的；二是与本单位订立无固定期限劳动合同的；三是家庭无其他就业人员，有需要扶养的老人或者未成年人的。用人单位依照本条第一款规定裁减人员，在 6 个月内重新招用人员的，应当通知被裁减的人员，并在同等条件下优先招用被裁减的人员。

4. 用人单位不得解除劳动合同

为了保护劳动者合法权益，防止不公正解雇，《劳动合同法》除规定用人单位可以解除劳动合同的情形外，还规定了用人单位不得解除劳动合同的情形。根据本法第四十二条的规定，劳动者有下列情形之一的，用人单位不得依据本法第四十条、第四十一条的规定解除劳动合同：一是从事接触职业病危害作业的劳动者未进行离岗职业健康检查，或者疑似职业病病人在诊断或者医学观察期间的；二是在本单位患职业病或者因工负伤并被确认丧失或者部分丧失劳动能力的；三是患病或者非因工负伤，在规定的医疗期内的；四是女职工在孕期、产期、哺乳期的；五是在本单位连续工作满 15 年，且距法定退休年龄不足 5 年的；六是法律、行政法规规定的其他情形。

（二）劳动者单方解除劳动合同

劳动者单方解除合同的情况有以下两种：

第一，劳动者即时解除劳动合同。用人单位有下列情形之一的，劳动者可以解除劳动合同：一是未按照劳动合同约定提供劳动保护或者劳动条件的；二是未及时足额支付劳动报酬的；三是未依法为劳动者缴纳社会保险费的；四是用人单位的规章制度违反法律、法规的规定，损害劳动权益的；五是劳动合同是在欺诈、胁迫或者乘人之危，违背当事人真实意思的情况下订立而无效的；六是法律、行政法规规定劳动者可以解除劳动合同的其他情形。

第二，劳动者应当提前通知对方解除劳动合同。无以上情形的，劳动者要解除劳动合同应当提前 30 日以书面形式通知用人单位。劳动者在试用期内提前 3 日通知用人单位，可以解除劳动合同。

（三）用人单位解除劳动合同给予劳动者经济补偿的规定

1. 用人单位解除劳动合同的经济补偿和经济赔偿

用人单位依法解除劳动合同的，应给劳动者经济补偿金；用人单位违法解除劳动合同或者终止劳动合同的，劳动者要求继续履行劳动合同的，用人单位应当继续履行，劳动者不要求继续履行劳动合同或者劳动合同已经不能继续履行的，应给劳动者经济补偿金。

用人单位支付的经济补偿金，按劳动者在本单位工作的年限，以每满 1 年支付给 1 个月工资的标准向劳动者支付。6 个月以上不满 1 年的，按照年计算；不满 6 个月的，向劳动者支付半个月工资的经济补偿。

用人单位违反法律规定解除或者终止劳动合同的，应当以经济补偿金标准的 2 倍向劳动者支付赔偿金。

劳动者月工资高于用人单位所在直辖市、设区的市级人民政府公布的本地区上年度职工月平均工资 3 倍的，向其支付经济补偿的标准按职工月平均工资 3 倍的数额支付，向其支付经济补偿的年限最高不超过 12 年。

2. 劳动者解除劳动合同的经济补偿和经济赔偿

劳动者违反法律规定解除劳动合同或者违反劳动合同中约定的保密事项，对用人单位造成损失的应当依法承担赔偿责任。赔偿的范围包括：

（1）用人单位招收录用其所支付的费用；

（2）用人单位为其支付的培训费用，双方另有约定的按约定办理；

（3）对生产、经营和工作造成的直接经济损失；

（4）劳动合同约定的其他赔偿费用。

劳动者违反劳动合同中约定的保密事项，对用人单位造成经济损失的，按《中华人民共和国反不正当竞争法》的规定向用人单位支付赔偿费用。

用人单位招用尚未解除劳动合同的劳动者，给原用人单位造成经济损失的，该用人单位应当与劳动者承担连带赔偿责任。

五、劳动合同的终止与续订

（一）劳动合同的终止

劳动合同的终止是指合同期限届满或双方当事人约定的终止条件出现，劳动合同规定的权利、义务即行消灭的制度。劳动合同的终止，并非双方的积极行为所致，一般是由于合同本身的因素或法律规定、不可抗力所致。符合下列条件之一的，劳动合同即行终止：

（1）劳动合同期限届满；

（2）劳动合同约定的终止条件出现的；

（3）劳动者开始依法享受基本养老保险待遇的；

（4）劳动者死亡或被人民法院宣告失踪、死亡的；

（5）用人单位依法破产、解散的。

劳动合同期限届满或者当事人约定的劳动合同终止条件出现，劳动合同即行终止，用人单位可以不支付劳动者经济补偿金。

（二）劳动合同的续订

劳动合同经双方当事人协商一致，可以续订。续订劳动合同不得约定试用期，具体内容包括：

（1）双方协商续订劳动合同；

（2）劳动者在同一用人单位连续工作满 10 年以上，当事人双方同意续延劳动合同的，如果劳动者提出订立无固定期限劳动合同，用人单位应当与劳动者订立无固定期限劳动合同；

（3）劳动者患职业病或者因工负伤并被确认达到伤残等级，要求续订劳动合同的，用人单位应当续订劳动合同；

（4）劳动者在规定的医疗期内或者女职工在孕期、产期、哺乳期内，劳动合同期限届满时，用人单位应当将劳动合同的期限顺延至医疗期、孕期、产期、哺乳期期满为止。

六、集体合同制度

（一）集体合同的含义及特征

1. 集体合同的含义

集体合同，是集体协商双方代表根据劳动法律、法规规定，就劳动报酬、工作时间、休息休假、劳动安全卫生、保险福利等事项，在平等合作、协商一致的基础上签订的书面协议。

集体合同根据协商、签约所代表的范围不同，分为基层集体合同、行业集体合同、地区集体合同等。我国集体合同体制以基层集体合同为主导体制，即集体合同由基层工会组织与企业签订，只对签订单位具有法律效力。

2. 集体合同的特征

第一，集体合同是当事人之间的劳动协议。首先，从集体合同的内容看，主要反映生产过程中的劳动关系。集体合同所规定的标准条件，主要是劳动条件，如工资标准、安全卫生、生活福利等。集体合同所规定的义务，不论是当事人双方共同承担的一般性义务，还是各自承担的特别义务，都具有劳动性质。其次，从当事人订立集体合同的目的看，企业订立集体合同的目的是改善劳动组织，巩固劳动纪律，减少劳动纠纷，发挥职工的劳动积极性，提高劳动效率。工会与职工订立集体合同的目的，主要是为了在发展生产的基础上，改善职工的劳动条件和生活条件。可见，集体合同是劳动关系的准则，现存劳动关系的存在是集体合同存在的基础。

第二，集体合同有特定的当事人。当事人中至少有一方是由多数人组成的团体。集体合同的当事人一方是企业，另一方当事人不能是劳动者个人或劳动者中的其他团体或组织，只能是代表劳动者的工会组织，没有建立工会组织的，劳动者按照一定程序推举的代表为其代表。

第三，集体合同的签订既受国家劳动法律、法规的调整，又受国家宏观调控计划的制约。

第四，集体合同是定期的书面合同，其生效须经特定程序。集体合同是要式合同，只有制作成书面形式，并依法报送劳动行政部门，在劳动行政部门收到合同文本之日起15天内未提出异议的，才具有法律效力。

（二）集体合同与劳动合同的区别与联系

集体合同和劳动合同都是调整劳动关系的重要形式和法律制度，两者有着密切的联系，在订立目的、内容等方面也有共同之处，但集体合同和劳动合同又有着明显的区别，两者不能等同，也不能相互代替。两者的主要区别是：

第一，集体合同与劳动合同的当事人不同。集体合同的当事人一方是代表职工的工会组织，另一方是企业。劳动合同当事人一方是劳动者个人，一方是企事业单位或雇主等。这就是说，劳动者个人作为出卖劳动力的一方不能签订集体协议，而工会组织也不能为劳动者个人签订劳动合同。

第二，集体合同与劳动合同的内容不同。集体合同与劳动合同都以工作任务、劳动条件、劳动报酬、保险福利等为基本内容，但在具体订立协议时是有区别的。集体合同调节集体劳动关系，内容全面、复杂，带有整体性。劳动关系的内容在法律、法规中未做规定或只规定基本标准，以及个人劳动合同中的某些问题未由法律、法规规定的，集体合同都可以规定。而劳动合同的内容比较简单，一般都在法律、法规中直接规定，法律、法规未做规定的，可由劳动合同规定，是单一的。

第三，集体合同与劳动合同产生的时间不同。集体合同产生于劳动关系运行过程中，它不依单个劳动者参加劳动为前提。而劳动合同产生于当事人一方的劳动者参加劳动前，是以劳动者就业为前提，是劳动者个人建立劳动关系的法律凭证。

第四，集体合同与劳动合同的作用不同。集体合同制度的作用在于改善劳动关系，维护职工的群体利益。而劳动合同的作用在于建立劳动关系，维护劳动者个人和用人单位的权益。

第五，集体合同与劳动合同的效力不同。就职工一方来说，集体合同对一个单位的全体职工有效，而劳动合同只对劳动者个人有效，且劳动合同中的劳动条件和劳动报酬的标准不得低于集体合同的约定。

（三）集体合同的订立、变更及终止

1. 集体合同的订立

集体合同的订立，是指工会或职工代表与企事业单位之间，为规定用人单位和全体职工的权利义务而依法就集体合同条款经过协商一致，确立集体合同关系的法律行为。集体合同按如下程序订立：

（1）讨论集体合同草案或专项集体合同草案。经双方代表协商一致的集体合同草案或专项集体合同草案应提交职工代表大会或者全体职工讨论；

（2）通过草案。全体职工代表半数以上或者全体职工半数以上同意，集体合同草案或专项集体合同草案方获通过；

（3）集体协商双方首席代表签字。

2. 集体合同的变更

集体合同的变更，是指集体合同生效后尚未履行完毕之前，由于主客观情况发生变化，当事人依照法律规定的条件和程序，对原集体合同进行修改或增删的法律行为。集体合同的解除，是指提前终止集体合同的法律效力。经双方协商代表协商一致，可以变更或解除集体合同或专项集体合同。劳动法规定有下列情形之一的，可以变更或解除集体合同或专项集体合同：

（1）用人单位因被兼并、解散、破产等原因，致使集体合同或专项集体合同无法履行的；

（2）因不可抗力等原因致使集体合同或专项集体合同无法履行或部分无法履行的；

（3）集体合同或专项集体合同约定的变更或解除条件出现的；

（4）法律、法规、规章规定的其他情形。

变更或解除集体合同或专项集体合同适用本规定的集体协商程序。

3. 集体合同的终止

集体合同的终止，是指因某种法律事实的发生而导致集体合同法律关系消灭。集体合同或专项集体合同期限一般为 1 ～ 3 年，期满或双方约定的终止条件出现，即行终止。集体合同或专项集体合同期满前 3 个月内，任何一方均可向对方提出重新签订或续订的要求。

集体合同或专项集体合同签订或变更后，应当自双方首席代表签字之日起 10 日内，由用人单位一方将文本一式三份报送劳动保障行政部门审查。劳动保障行政部门自收到文本之日起 15 日内未提出异议的，集体合同或专项集体合同即行生效。

第三节　劳动争议管理

一、劳动争议的概念

（一）劳动争议的含义

劳动争议也称劳动纠纷，是指劳动关系当事人之间因劳动的权利与义务发生分歧而引起的争议，又称劳动纠纷。其中有的属于既定权利的争议，即因适用劳动法和劳动合同、集体合同的既定内容而发生的争议；有的属于要求新的权利而出现的争议，是因制定或变更劳动条件而发生的争议。

随着社会的不断发展和劳动法制的逐步健全，劳动争议处理已经成为一项法律制度，在劳动法律制度中占有重要地位，并且在调整劳动关系中发挥着至关重要的作用。

（二）劳动争议的特征

1. 劳动纠纷是劳动关系当事人之间的争议

劳动关系当事人，一方为劳动者，另一方为用人单位。劳动者主要是指与在中国境内的企业、个体经济组织建立劳动合同关系的职工和与国家机关、事业组织、社会团体建立劳动合同关系的职工。用人单位是指在中国境内的企业、个体经济组织以及国家机关、事业组织、社会团体等与劳动者订立了劳动合同的单位。不具有劳动法律关系主体身份者之间所发生的争议，不属于劳动纠纷。如果争议不是发生在劳动关系双方当事人之间，即使争议内容涉及劳动问题，也不构成劳动争议。例如，劳动者之间在劳动过程中发生的争议，用人单位之间因劳动力流动发生的争议，劳动者或用人单位与劳动行政管理中发生的争议，劳动者或用人单位与劳动行政部门在劳动行政管理中发生的争议，劳动者或用人单位与劳动服务主体在劳动服务过程中发生的争议等，都不属于劳动纠纷。

2. 劳动纠纷的内容涉及劳动权利和劳动义务

是为实现劳动关系而产生的争议。劳动关系是劳动权利义务关系，如果劳动者与用人单位之间不是为了实现劳动权利和劳动义务而发生的争议，就不属于劳动纠纷的范畴。劳动权利和劳动义务的内容非常广泛，包括就业、工资、工时、劳动保护、劳动保险、劳动福利、职业培训、民主管理、奖励惩罚等。

3. 劳动纠纷既可以表现为非对抗性矛盾，也可以表现为对抗性矛盾

劳动纠纷既可以表现为非对抗性矛盾，也可以表现为对抗性矛盾，而且，两者在一定条件下可以相互转化。在一般情况下，劳动纠纷表现为非对抗性矛盾，给社会和经济带来不利影响。

（三）劳动争议的受理范围

1. 因确认劳动关系发生的争议；
2. 因订立、履行、变更、解除和终止劳动合同发生的争议；
3. 因除名、辞退和辞职、离职发生的争议；
4. 因工作时间、休息休假、社会保险、福利、培训以及劳动保护发生的争议；
5. 因劳动报酬、工伤医疗费、经济补偿或者赔偿金等发生的争议；
6. 法律、法规规定的其他劳动争议。

（四）劳动争议产生的原因

产生劳动争议的原因可以从劳动关系的双方主体出发进行分析。

1. 用人单位方面的原因

第一，随着《劳动法》的颁布以及劳动力市场的日益成熟，一些经历了劳动用工政策转变过程的用人单位领导和管理人员主观意识上对政策的巨大变更没有完全转变过来，有一部分仍然不了解、不熟悉《劳动法》及现行的有关劳动保障方面的法规、政策，不按法律办事，还是按传统的办法管理员工，这是造成劳动争议的主要原因。

第二，用人单位内部规章制度是用人单位自行制定、用于经营、管理单位及规范员工行为的规范性文件。它是用人单位处理违纪员工的“操作手册”，是用人单位自己内部的“法律”。实践中因为用人单位内部规章存在问题而引发的劳动纠纷也不少，比如，有的用人单位规章制度不健全，出现了许多不该发生的漏洞和违规行为。

第三，目前仍有相当一部分用人单位不按规定与职工签订劳动合同。《劳动法》明确规定，建立劳动关系应当订立劳动合同。即使用人单位在临时性岗位上用工，可以在劳动合同期限上有所区别，但必须依法与劳动者订立劳动合同，明确双方的权利和义务。因此不与职工签订劳动合同，由此引发的系列劳动争议更是层出不穷。

第四，劳动用工日常管理不规范。引发劳动争议的原因多数为缴纳社会保险、劳动报酬、辞退、解除和终止劳动合同等方面的问题。

2. 劳动者方面的原因

第一，由于社会的进步，法制大环境的影响，劳动者的法制意识、维权意识增强，当自身的利益受到侵害后能勇敢地拿起法律武器维护自己的合法权益。

第二，个别劳动者恶意用法，违反用人单位的劳动纪律或侵害用人单位的利益，给用

人单位造成严重损失。

（五）劳动争议处理程序

劳动争议发生后，当事人可以协商解决，也可以请工会或者第三方共同与用人单位协商，达成和解协议；当事人不愿协商、协商不成或者达成和解协议后不履行的，可以向调解组织申请调解；不愿调解、调解不成或者达成调解协议后不履行的，可以向劳动争议仲裁委员会申请仲裁；对仲裁结果不服的，除另有规定外，可以向人民法院提起诉讼。

1. 劳动争议的协商

是指双方当事人在劳动争议发生后，可以自行协商，也可以在第三者参与下，通过协商，分清责任，互相取得谅解，自愿达成和解协议，从而解决劳动争议的一种方式。我国劳动法提倡和鼓励当事人双方协商解决劳动争议。实践表明，有相当数量的劳动合同争议，都是通过双方当事人协商达成和解协议的，使劳动争议解决在萌芽状态。当然协商解决是以双方自愿为基础的，不愿协商或者经过协商不能达成一致的，当事人可以选择调解程序或仲裁程序。

2. 劳动争议的调解

是指在第三者的主持下，在查明事实、分清是非、明确责任的基础上，依照国家劳动法的规定以及劳动合同约定的权利和义务推动劳动争议当事人双方互相谅解，就争议事项达成新的协议，从而使劳动争议得到解决的一种方式。调解也是一种协商，但这是在第三者的主持下，推动当事人双方进行协商的一种方式。

3. 劳动争议的仲裁

是指劳动争议仲裁委员会对所规定受理范围内调解不成的劳动争议案件，依照仲裁程序，在事实上做出判断，对争议双方的劳动权利和义务做出仲裁决定。仲裁是劳动争议处理的重要程序，《中华人民共和国仲裁法》（下简称《仲裁法》）以三分之二的条款对劳动争议仲裁做出了具体规定，完善了劳动争议仲裁制度，这是对劳动争议处理制度的创新和突破。

4. 劳动争议的审判

是指人民法院受理法律规定范围内的劳动争议后，依照司法诉讼程序进行审理和判决。目前根据《仲裁法》的规定，向人民法院提起诉讼的劳动争议案件有两种情况：一是争议案件必须经过劳动争议仲裁委员会做出仲裁决定；二是就劳动报酬、工伤医疗费、经济补偿或者赔偿金等案件，根据当事人的申请，可以裁决先予执行，再移送人民法院执行。直接通过人民法院的审判来解决劳动争议，这对保护劳动关系当事人双方的合法权益，制裁劳动违法行为，维护社会经济活动的正常进行，促进社会安定有着极其重要的作用。

二、劳动争议的调解

（一）调解的作用及原则

1. 调解的作用

（1）有利于职工参与企业的民主管理

调解委员会的成员中有职工代表，能反映职工的需要和愿望，它给用人单位和劳动者提供了一个和平处理争议的平台。另外，职工参与管理能创造出和谐的工作氛围，同时也能提高员工的工作积极性。

（2）能够及时解决劳动争议

本单位的职工了解和熟悉情态，能够更快地找出问题所在，在提出劳动争议调解时就能够了解情况，有利于劳动争议的合理解决。

（3）减轻仲裁机构的负担

大量的争议在企业调解委员会的调解下就解决了，无须进行仲裁审理，这大大减少了仲裁机关的工作量，使其能集中精力处理仲裁案件。

总之，发生劳动争议首先进行调解对企业、劳动者和争议处理机构都有好处，能把争议消除在提出的早期。

2. 劳动争议调解的原则

企业调解是解决劳动争议处理全过程中的一个环节，要遵循整个劳动争议处理的原则，如以事实为根据、以法律为准绳、当事人在适用法律上一律平等、公正、及时等原则。

（1）调解自愿原则

尽管在劳动争议处理的其他程序中也要遵循这一原则，但在调解程序中，该原则体现得最为充分。首先，调解劳动争议必须得到用人单位和劳动者的申请。即使调解委员会进行调解，劳动争议双方当事人也有权拒绝调解。其次，调解委员会的调解结果只是双方当事人的协议，不具有法律强制力，由用人单位和劳动者自愿执行。

（2）适用法律上一律平等

调解委员会的调解主要是对双方当事人进行疏导、说服教育，而在这个过程中不能没有原则，不能违背劳动法律法规，必须有一定的标准和依据。这个标准和依据就是国家现行的劳动法律、法规、政策等，以此来判断双方当事人的是非责任，促使协议达成。不能偏袒任何一方，注重当事人双方的法律地位平等的原则。

（3）民主协商原则

调解委员会作为企业内部群众性调解组织，没有任何行政权和准司法权，加上调解程序是一个自愿性程序，这就需要在开展调解工作时注意加强协商和沟通。调解要求调解委员会处于中立的地位，促使用人单位和劳动者双方进行协商，任何一方不能把自己的意志强加给对方。

(4) 尊重当事人申请仲裁和诉讼的权利

调解委员会要通过良好服务提高劳动争议办案率，尽量把纠纷解决在企业基层，但这并不是说就可以不管案件具体情形，一味强调企业“内部消化”，如果当事人不愿调解，或者调解后达不成协议，就要及时结案。

总之，用人单位和劳动者可以选择是否申请调解，可以接受或拒绝调解，可以选择是否履行调解协议。经调解不能达成一致意见的，可以选择其他处理程序。

（二）调解组织

根据《仲裁法》的规定，调解组织有三种：企业劳动争议调解委员会，依法设立的基层人民调解组织和在乡镇、街道设立的具有劳动争议调解职能的组织。其中，企业劳动争议调解委员会由职工代表和企业代表组成。职工代表由工会成员担任或者由全体职工推举产生，企业代表由企业负责人指定。企业劳动争议调解委员会主任由工会成员或者双方推举的人员担任。

劳动争议调解委员会，是依法成立的企业内部相对独立的专门调解劳动争议的群众性组织。企业设立调解委员会有助于直接、迅速和就近对劳动争议进行处理，有助于改善双方的关系，为今后企业与职工继续保持良好的劳动关系提供了条件，既可以保证企业生产经营活动的正常进行，也可以有效地维护职工的合法权益。

（三）劳动争议调解程序

根据《仲裁法》的规定，劳动争议调解组织的调解员应当由公道正派，联系群众，热心调解工作，并具有一定法律知识、政策水平和文化水平的成年公民担任。具体调解程序是：

1. 申请与受理

当事人申请劳动争议调解可以书面申请，也可以口头申请。口头申请的，调解组织应当当场记录申请人基本情况、申请调解的争议事项、理由和时间。

2. 调查

受理案件后，调解委员会应及时指派调解员对争议事项进行调查核实，以查明事实、分清是非。调查内容不限于当事人陈述内容，对遗漏的、欠缺的部分要求当事人补充完整。调解前，调解委员会要对争议全面调查，查清争议的原因、双方争议的焦点问题、争议的发展经过等，并获取必要的证据和事实材料，争取做到合法、合理、公正。

3. 实施调解

实施调解是解决劳动者争议关键的程序，决定了调解能否成功。简单的争议，可由调解委员会指定 1 名调解委员进行调解。调解会议中应先让申诉方发言，再让被诉方答辩，使双方表达自己的意图和立场。在查明事实的基础上，调解人员向双方宣传有关劳动法规，并提出协商解决案。

4. 结案

经调解达成协议的，制作调解协议书。协议书写明双方当事人姓名（或企业名称及其法定代表人）、职务、争议事项、调解结果等，然后由双方当事人签名，加盖调解委员会印章。调解协议书一式三份，调解协议书对双方当事人具有约束力，当事人应当履行。自劳动争议调解组织收到调解申请之日起 15 日内未达成调解协议的，当事人可以依法申请仲裁。

5. 调解协议的执行

经调解委员会调解，用人单位和劳动者达成一致意见后，双方就应当遵守调解协议，自觉执行协议书的有关内容。达成调解协议后，一方当事人在协议约定期限内不履行调解协议的，另一方当事人可以依法申请仲裁。

三、劳动争议的仲裁

（一）劳动争议仲裁的基本概念

劳动争议仲裁是指劳动争议仲裁委员会对用人单位与劳动者之间发生的争议，在查明事实、明确是非、分清责任的基础上，依法做出裁决的活动。

根据我国劳动法律、法规的规定，仲裁程序是处理劳动争议法定的必经程序。劳动争议当事人只有在仲裁委员会裁决后，对裁决不服时，才能向人民法院起诉，否则法院不予受理。

（二）劳动争议仲裁的基本程序

1. 申请仲裁的期限

根据我国《劳动法》的规定，劳动争议当事人申请仲裁的，应当从知道或应当知道其权利被侵害之日起 60 日内，以书面形式向劳动争议仲裁委员会申请仲裁。劳动争议申请仲裁的时效期间为一年，仲裁时效期间从当事人知道或者应当知道其权利被侵害之日起计算。如果超过这一期限，就丧失请求保护其权利的申诉权，劳动争议仲裁委员会对其仲裁申请不予受理。

2. 提交书面申请

劳动争议当事人向劳动争议仲裁委员会申请仲裁，应当提交书面申请。劳动争议当事人提交申诉书时应当载明：双方当事人基本情况、仲裁请求和所根据的事实和理由、证据等材料。劳动争议申诉书要按照被诉人数提交副本。

3. 仲裁受理

劳动争议仲裁委员会应当自收到当事人的仲裁申请之日起 7 日内做出受理或不予受理

的决定。决定受理的应当自做出决定之日起将申诉书的副本送达被诉人，并组成仲裁庭，决定不受理的应当说明理由。

4. 做出裁决的期限

劳动争议仲裁委员会受理劳动争议案件，仲裁裁决一般应在收到仲裁申请的 60 日内做出。

5. 仲裁裁决的效力

当事人对仲裁裁决不服的，自收到裁决书之日起 15 日内，可以向人民法院起诉。若当事人对仲裁裁决无异议，或者对裁决不服但在超过法定期限后不起诉的，裁决书即发生法律效力。

四、劳动争议诉讼

（一）劳动争议诉讼的概念

劳动争议诉讼是指劳动争议当事人不服劳动争议仲裁委员会的裁决，在规定的期限内向人民法院起诉，人民法院依法受理后，依法对劳动争议案件进行审理的活动。实行劳动争议诉讼制度对提高劳动争议仲裁质量十分有利。

劳动争议诉讼是解决劳动争议的最终程序。人民法院审理劳动争议案件适用《民事诉讼法》所规定的诉讼程序。

（二）提起劳动争议诉讼的条件

根据《劳动法》的规定，劳动争议当事人可以依法向人民法院起诉。而当事人提起劳动争议诉讼必须符合法定的条件，否则法院不予受理。依照我国《诉讼法》的有关规定，起诉条件是：

（1）起诉人必须是劳动争议的当事人，当事人因故不能亲自起诉的，可以委托代理人代其起诉，其他人未经委托授权的无权起诉；

（2）必须是不服劳动争议仲裁委员会裁决而向法院起诉，不能未经仲裁程序直接向人民法院起诉；

（3）必须有明确的被告、具体的起诉请求和事实依据；

（4）起诉不得超过起诉时效，即自收到仲裁裁决书之日 15 日内起诉，否则法院可以不予受理；

（5）起诉应依法向有管辖权的法院起诉，一般应向仲裁委员会所在地的人民法院起诉。

劳动争议案件的诉讼由人民法院的民事审判庭按照民事诉讼法规定的普通诉讼程序审理。

第七章　职业生涯管理

第一节　职业生涯管理概述

一、职业与职业生涯

（一）职业的含义与分类

职业是参与社会分工，利用专门的知识和技能，为社会创造物质财富和精神财富，同时获取合理报酬作为物质生活来源，并满足精神需要的工作的统称。很显然，职业不同于工作，工作只是职业的组成部分，是短期的、片面的，而职业是长期的，全面的。此外，职业也有别于事业，事业一般是人们所从事的，具有一定目标、规模和系统而对社会发展有影响的经常性活动。从活动的目的来看，职业的目的一般是求取生活来源，其成就感主要体现于物质层面，为了一定的物质需求，不得不从事某一固定的活动；事业则具有目标性、经常性、持续性和长期性，需要积极主动地坚持去做，其前提自然是对这项活动很有兴趣，感觉到它非常有意义和有价值，其成就感主要体现于精神层面。从职业生涯管理的角度来看，事业的层次高于职业，职业的层次则高于工作，因此往往提倡组织与员工要追求事业的成功，而不只是职业的成功。

职业是人类文明进步、经济发展以及社会劳动分工的结果。随着社会的发展，职业分类越来越细，种类越来越多。对职业的分类，世界各国国情不同，其划分标准也有所不同。我国的职业划分为 8 个大类，分别是：

（1）国家机关、党群组织工作人员、企事业单位管理人员；

（2）各类专业、技术人员；

（3）办事人员和有关人员；

（4）商业与服务业人员；

（5）农林牧渔业生产人员；

(6) 生产、运输设备操作人员及有关人员;
(7) 军人;
(8) 不便分类的其他从业人员。

(二)职业生涯的含义与特点

一个人的整个人生经历中，存在着不同的生命周期（生涯)，如生物生命周期、社会生命周期、家庭生命周期和职业生命周期等。其中在人生中最重要的起决定作用的是职业生命周期（职业生涯)，因为它是人生存和发展的前提。

职业生涯就是指个体一生的工作经历，包括从事的职业、职位的变动及职业发展目标实现的整个过程。职业生涯具有以下主要特点:

1. 差异性

每个人从事的职业不同，职业生涯也就存在很大差异。由于多年所从事的专业职位的历练，每个人无论在生理、心理、习惯还是行为模式上，都会烙上这个职业的“印记”，从而形成不同的职业生涯状态。正是这种差异性的存在，决定了员工的职业生涯设计是个性化的。因此，对职业生涯的差异性认识得越充分，职业生涯设计就越有针对性。

2. 发展性

职业生涯是一个人一生连续不断的发展过程，是不可逆转的。随着时间的推移，每个人都会不同程度地在这个过程中获得成长与发展，这是不以人的意志为转移的客观规律。发展性在职业生涯中的表现是多方面的。比如，员工可以通过持续不断地加强修养，使自己逐渐成长起来，还可以通过实现一个个的职业目标来促进个人价值的提升，去扮演越来越重要的社会角色。

3. 阶段性

与人的自然生长规律相一致，职业生涯的发展具有阶段性。这种阶段性一般以工作年限为主要表现形式，而且每个阶段都会表现出不同的职业特点。各阶段之间并不是并列关系，而是一种递进关系，即前一阶段的状态是后一阶段的基础，只有前一阶段的状态越好，后一阶段的状态才可能越好。

4. 可规划性

每个人由于所处的环境不同，加之个体之间的差异，职业生涯的发展过程会受到诸多偶然因素的影响。正因为如此，在许多时候，人们常常会以为是机会或“命运”等偶然因素在左右前程，事实上，从长远来看，偶然存在于必然之中，偶然因素的背后一定有必然的规律在起作用，而规律是可以被认识与预测的，因此，职业生涯是可以规划的。职业生涯规划的目的，不是预言职业生涯发展过程中的每个具体细节，而是提供总体的职业生涯发展状态的指导，对职业生涯发展方向进行战略性的把握。职业生涯的可规划性正是表现在对职业生涯发展过程中许多偶然因素的把握上，以克服在职业生涯发展的过程中因偶然因素而导致的盲目性。

（三）职业生涯管理的含义

职业生涯管理是指组织和员工对职业生涯进行设计、规划、执行、评估和反馈的一项综合性工作。它是人力资源管理的重要职能之一，分为组织职业生涯管理和员工职业生涯管理。组织职业生涯管理是组织将个人发展与组织目标结合起来，对决定员工职业生涯的主客观因素进行分析、测定和总结，并通过规划、设计、执行、评估和反馈，使每位员工的职业生涯目标与公司发展的战略目标相一致的过程；员工职业生涯管理是以实现员工个人发展的成就最大化为目的，通过对个人兴趣、能力和个人发展目标的有效管理实现员工发展愿望的过程。

职业生涯管理一般包括职业生涯规划、职业生涯发展、职业生涯管理三个层面的内容。职业生涯规划主要是确定员工个人的发展目标和发展道路，这种发展目标和发展道路不仅是员工个人的需要，也是企业组织的需要。职业生涯发展就是职业生涯规划的实施，是通过组织和个人的共同努力，实现员工个人人生目标或理想。职业生涯管理是针对企业组织而言的，即企业组织帮助全体员工制订其生涯规划以及帮助其生涯发展的一系列活动。职业生涯管理的关键环节是职业生涯规划。缺少职业生涯规划或职业生涯设计失误，必将导致职业生涯管理的失败。

（四）职业生涯管理的意义

职业生涯管理无论对组织还是员工，都具有重要的意义。

1. 职业生涯管理对组织的意义

（1）促使员工发展目标与企业发展目标相一致

职业生涯管理可以帮助企业了解其员工的情况，如性格、兴趣、特长、情绪、价值观等，也可以帮助员工个人了解和掌握企业的有关信息，如企业的发展战略、经营理念、职位的空缺和晋升情况等，进而协调员工个人职业理想与企业现实需要之间的矛盾，使员工的职业生涯目标与企业发展目标相一致。

（2）有利于企业保持长盛不衰

任何成功的企业，其成功的根本原因都是拥有并利用高质量的优秀人才。职业生涯管理由于针对企业和员工的特点“量身定做”，与一般奖惩激励措施相比具有更强的独特性和排他性，因此能够更加合理有效地激励与利用人力资源；同时，为员工提供施展才华的舞台，帮助员工实现自我价值，满足他们的尊重需要和自我实现的需要，从而留住人才、凝聚人才，有利于企业保持长盛不衰。

（3）有利于人才的选拔、使用和培养

人力资源配置的标准就是合适的人在合适的时间处于合适的位置。职业生涯管理是在充分了解员工能力、兴趣、特长、性格等因素的基础上，与员工一起设计其职业发展规划，并纳入组织的目标中，可以随时根据组织的需要进行有针对性的培养和使用。

2. 职业生涯管理对员工的意义

（1）能够增强员工把握职业的能力，提高其竞争力

职业生涯管理及所开展的职业生涯规划等方面的工作，不仅可以使员工了解自身的长处和短处，养成对环境和工作目标进行分析的习惯，还可以使员工合理规划、安排时间和精力开展学习与培训，以胜任本职工作、提高职业技能。这些活动的开展都有利于增强员工对职业环境的把握能力和对职业困境的控制能力。而且，员工通过职业生涯管理，可以在组织中获取各种有价值的知识与技能，从而提高自身的竞争力。

（2）能够为员工提供公平的就业和发展机会

职业生涯管理考虑了员工不同的特点和需要，并据此设计不同的职业发展通道，以利于不同类型员工在职业生活中扬长避短。在职业生涯管理中，对员工年龄、学历、性别、性格等的差异，不是采取歧视态度，而是根据这些差异帮助员工确定不同的职业发展方向和途径，这就为员工在组织中提供了更为公平的就业和发展机会。因此，职业生涯管理的深入实施，有利于组织人力资源水平的稳定和提高，对促进组织的持续发展具有至关重要的作用。

（3）能够协调和统筹员工职业与生活的关系

有效的职业生涯管理和职业生涯规划可以帮助员工综合地考虑职业与个人追求、家庭目标等生活目标的平衡，避免陷入顾此失彼、左右为难的窘境；同时，员工可以从更高的层面看待职业中的各种问题和选择，将相互矛盾的事件结合在一起，使之联系起来，共同服务于职业目标，使职业生活更加充实和富有成效。

二、职业生涯管理的原则

（一）互动性原则

职业生涯管理应是由组织和员工共同完成的，是组织和员工协调匹配的过程。对员工而言，要根据自身的性格、兴趣、意愿和能力等规划职业生涯；对组织而言，要按照发展战略和可能提供的机会为员工设计职业生涯。在这个过程中，双方应换位思考，经常沟通，做到和谐互动、利益一致、稳步发展。

（二）长期性原则

员工的职业生涯发展规划要贯穿员工职业生涯的始终，并长期坚持，才能取得良好的效果，避免成为组织管理的权宜之计。

（三）公平性原则

职业生涯管理同时也是全员性的管理，不能厚此薄彼。组织应该公开、公平、公正地

开展职业生涯管理活动，给员工均等的机会，在提供教育培训与选拔任用等发展机会时，应该公开其条件、标准，保持高度的透明。

（四）期限性原则

对企业职业生涯开发活动中的每一个事件都应标记两个时间，即开始执行行动方案的时间和目标实现的时间。职业规划和职业发展应该在这个期限内完成。没有明确的时间规定的开发活动，将失去意义。

（五）动态原则

职业生涯管理应该根据组织的发展战略、组织架构的变化与员工不同时期的发展需求进行相应的调整。

（六）创新原则

职业生涯管理应提倡制定有挑战性的目标，并努力采取新的方法、新的思路发现和解决问题；要让员工发现、发挥和发展自己的潜能，以获得创造性的成果。

第二节　职业生涯管理理论

一、职业选择理论

（一）帕森斯的人职匹配理论

1909 年，美国波士顿大学教授、“职业指导之父”弗兰克·帕森斯（Frank Parsons）在其《选择一个职业》一书中提出了人与职业相匹配是职业选择的焦点的观点。他认为，每个人都有自己独特的人格模式，每种人格模式都有与其相适应的职业类型。帕森斯的人职匹配理论又称特质因素理论，是最早的职业辅导理论。

特质是指个人的人格特征，包括能力倾向、兴趣、价值观和人格等，这些都可以通过心理测试工具来加以评量；因素则是指在工作上要取得成功必须具备的条件或资格，这可以通过工作分析来了解。帕森斯提出了选择职业的“三步范式”。

第一步，评价应聘者的生理和心理特点（特性）。通过心理测试及其他测评手段，获得有关应聘者的身体状况、能力倾向、兴趣爱好、气质与性格等方面的个人资料，并通过会谈、调查等方法获得有关应聘者的家庭背景、学业成绩、工作经历等情况，并对这些资料进行评价。

第二步，分析各种职业对人的要求，并向应聘者提供有关的职业信息，包括：职业的性质、工资待遇、工作条件以及晋升的可能性；求职的最低条件，诸如学历要求、所需的专业训练、身体要求、年龄、各种能力以及其他心理特点的要求；为准备就业而设置的教育课程计划，以及提供这种训练的教育机构、学习年限、入学资格和费用等。

第三步，人与职业的匹配。指导人员在了解应聘者的特性和职业的各项指标的基础上，帮助应聘者进行比较分析，以便选择一种适合其个人特点又有可能得到并能在职业上取得成功的职业。

帕森斯的人职匹配理论首次提出在职业决策中进行人职匹配的思想，重视人才测评的作用，该理论奠定了人才测评理论的理论基础，推动了人才测评在职业选拔与指导中的运用和发展。

（二）霍兰德的职业倾向理论

美国霍普金斯大学心理学教授、著名的职业指导专家约翰 • 霍兰德（John. Holland）在帕森斯的人职匹配理论的基础上，通过研究，于 20 世纪 50 年代末提出了著名的职业倾向理论，发现了六种基本的职业倾向或人格类型。

1. 实际型

这一类型的人愿意使用工具从事操作性工作，动手能力强，做事灵活，动作协调；偏好具体任务，不善言辞，做事保守，较为谦虚；缺乏社交能力，通常喜欢独立做事。他们喜欢使用工具、机器，需要基本操作技能的工作，如技术性职业（计算机硬件人员、摄影师、制图员、机械装配工），技能性职业（木匠、厨师、技工、修理工、农民）。

2. 研究型

这一类型的人属于思想家而非实干家，抽象思维能力强，求知欲强，肯动脑，善思考，不愿动手；喜欢独立和富有创造性的工作；知识渊博，有学识才能，不善于领导他人；考虑问题理性，做事喜欢精确，喜欢逻辑分析和推理，不断探讨未知的领域。他们喜欢智力的、抽象的、分析的、独立的工作，如科学研究人员、教师、工程师、电脑编程人员、医生、系统分析员等。

3. 艺术型

这一类型的人有创造力，乐于创造新颖、与众不同的成果，渴望表现自己的个性，实现自身的价值；做事理想化，追求完美，不重实际，具有一定的艺术才能和个性；善于表达，怀旧，心态较为复杂。他们喜欢要求艺术修养、创造力、表达力和直觉，并将其用于对语言、行为、声音、颜色和形式的审美、思索和感受等工作，如艺术方面（演员、导演、艺术设计师、雕刻家、建筑师、摄影家、广告制作人），音乐方面（歌唱家、作曲家、乐队指挥），文学方面（小说家、诗人、剧作家）。

4. 社会型

这一类型的人友好，善解人意，乐于助人，好交际，热情，有能力，值得信赖。他们喜欢与人打交道的工作，如教育工作者(教师、教育行政人员)与社会工作者(咨询人员、公关人员等)。

5. 企业型

这一类型的人乐于追求权力、权威和物质财富，具有领导才能；喜欢竞争，敢冒风险，有野心或抱负；为人务实，习惯以利益得失、权力、地位、金钱等来衡量做事的价值，做事有较强的目的性。他们喜欢要求具备经营、管理、劝服、监督和领导才能，以实现政治及经济目标的工作，如项目经理、销售人员、营销管理人员、政府官员、企业领导、法官、律师等。

6. 传统型

这一类型的人尊重权威和规章制度，喜欢按计划办事，细心、有条理，习惯接受他人的指挥和领导，自己不谋求领导职务；喜欢关注实际和细节情况，通常较为谨慎和保守，缺乏创造性，不喜欢冒险和竞争，富有自我牺牲精神。他们喜欢要求注意细节、精确度、有系统有条理，具有记录、归档、据特定要求或程序组织数据和文字信息的职业，如秘书、办公室人员、记事员、会计、行政助理、图书馆管理员、出纳员、打字员、投资分析员等。

霍兰德的职业倾向理论认为，多数人可被纳入六种类型中的一种，但人们具有广泛的适应能力，其职业倾向在某种程度上与另外两种类型相近，并且能适应另外两种类型的工作。而且，每一类型都有一种相斥的类型，如实际型与社会型。“相斥关系”说明类型间没有共同之处，如果一个人在与其人格类型相斥的职业环境中工作，个人将不会感到快乐，也无法胜任工作。霍兰德的职业倾向理论为人们的职业选择提供了最基本的指导原则——人职匹配的原则。该理论简单易懂，应用广泛。

（三）沙因的职业锚理论

职业锚理论是由著名的职业指导专家埃德加 · H. 沙因 (Edgar H. Schein) 教授领导的专门研究小组在对斯隆管理学院毕业生的职业生涯研究中演绎而成的。斯隆管理学院的 44 名 MBA 毕业生自愿形成一个小组，接受沙因教授长达 12 年的职业生涯研究，包括面谈、跟踪调查、公司调查、人才测评、问卷等多种方式，最终分析总结出了职业锚理论。

埃德加 • 沙因认为，职业生涯规划实际上是一个持续不断的探索过程。在此过程中，每个人都根据自己的天资、能力、动机、态度和价值观等，逐渐形成较为明晰的、与职业有关的自我概念，随着个体对自己越来越了解，就会越来越明显地形成一个占主导地位的职业锚 (或职业定位)。

职业锚就是一个人即使在不得不做出某些职业选择时都不会放弃的至关重要的东西或

价值观。其实，职业锚就是人们选择和发展自己的职业时所围绕的中心。一个人的职业锚是不断发展变化的，是一个不断探索而产生的动态的结果。

1978年，沙因教授提出了五类型职业锚理论，即技术职能型、管理型、自主独立型、安全稳定型与创业型。到20世纪90年代，又提出了三种类型的职业锚，即服务型、挑战型和生活型。因此，沙因共提出八种职业锚类型，并开发了职业锚测试量表。

1. 技术职能型

技术职能型的人，追求在技术职能领域的成长和技能的不断提高，以及应用这种技术职能的机会。他们对自己的认可来自其专业水平；喜欢面对来自专业领域的挑战，一般不喜欢从事一般的管理工作，因为这会降低在技术职能领域的成就。

2. 管理型

管理型的人，追求并致力于工作晋升，倾心于全面管理，独自负责一部分，可以跨部门整合其他人的努力成果。他们想去承担整部分的责任，并将公司成功与否看成是自己的工作。具体的技术或职能工作仅仅被看作通向更高、更全面管理层的必经之路。

3. 自主独立型

自主独立型的人，希望随心所欲安排自己的工作方式、工作习惯和生活方式。追求能施展个人能力的工作环境，最大限度地摆脱组织的限制和制约。他们宁可放弃提升或工作扩展的机会，也不愿意放弃自由与独立。

4. 安全稳定型

安全稳定型的人，追求工作中的安全与稳定感，可以预测将来的成功从而感到放松。他们关心财务安全，如退休金和退休计划。稳定感包括诚信、忠诚以及完成老板交给的工作。尽管有时他们可以达到一个高的职位，但并不关心具体的职位和具体的工作内容。

5. 创业型

创业型的人，希望使用自己的能力去创建属于自己的公司或创建完全属于自己的产品（或服务），而且愿意去冒风险，并克服面临的障碍，想向世界证明公司是靠自己的努力创建的。他们可能正在别人的公司工作，但在学习并评估将来的机会；一旦感觉时机到了，便会自己走出去创建自己的事业。

6. 服务型

服务型的人，是指那些一直追求他们认可的核心价值的人，如帮助他人，改善人们的安全，通过新的产品治疗疾病等。他们一直追寻这种机会，即使经常更换工作单位，也在所不惜。

7. 挑战型

挑战型的人，喜欢解决看似无法解决的问题，战胜强大的对手，克服无法克服的困难。对他们而言，参加工作或从事某项职业的原因是有机会去战胜各种不可能。体验新奇、变化和乐于解决难题是他们孜孜以求的终极目标。如果工作比较容易，则会使其感到厌倦或无趣。

8. 生活型

生活型的人，喜欢能够有效平衡个人、家庭及职业三者需要的工作环境，希望将人生的各个主要方面整合为一个整体。正因为如此，他们追求拥有足够弹性的职业环境，以实现和谐的人生目标；他们认为成功的内涵是丰富的，而不仅是职业上的成功；而且他们感觉自己在哪里居住、如何处理家庭事务以及在组织中的发展道路等方面是与众不同的。

经过多年的发展，职业锚已成为个人职业生涯规划的必选工具和公司人力资源管理的重要工具。个人在进行职业规划和定位时，可以运用职业锚思考自己具有的能力，确定自己的发展方向，审视自己的价值观是否与当前的工作相匹配。只有个人的定位与要从事的职业相匹配，才能在工作中发挥自己的长处，实现自己的价值。对组织而言，通过员工在不同工作之间的轮换，了解员工的职业兴趣爱好、技能和价值观，将他们放到最合适的职业轨道上，才能实现组织和个人发展的双赢。

二、职业发展理论

职业发展思想在中国古代早已有之，我国古人将人生大致以10年为一个阶段，提出了人生七阶段发展模式，指出“十有五而志于学，三十而立，四十而不惑，五十而知天命，六十而耳顺，七十而从心所欲，不逾矩”。这是我国乃至世界上最早的关于职业生涯发展的论述。具体言之，古人关于职业发展的主要观点是：

从学前期（15岁以下）：人必须开始并专注于学习。

立志与学习期（15～30岁）：与前期相比，此时的学习应与志向结合起来。

自立时期（30～40岁）：明白事情的道理，工作上能够独当一面，稳立于社会。

不惑时期（40～50岁）：不被外界事物所迷惑，办事不犹豫。

知天命时期（50～60岁）：认识自然客观规律，知道自己的人生使命。

耳顺时期（60～70岁）：冷静地倾听他人的意见，能够明辨是非。

从心所欲，不逾矩时期（70岁以上）：享受自由，自觉遵循客观规律和道德规范。

现代职业发展理论如下：

（一）萨柏的职业发展理论

美国职业发展大师唐纳德·E. 萨柏（Donald E. Super）是职业研究领域的一位里程碑式的大师。他的最重要贡献是提出了职业生涯发展理论，这一理论得到了职业学家的普遍支持，并成为职业生涯研究领域的理论基础。萨柏于 1953 年将人生职业生涯发展划分为成长、探索、建立、维持和衰退五个阶段。

1. 成长阶段（0 ～ 14 岁）

成长阶段属于认知阶段。在这个阶段，孩童开始发展自我概念，学习以各种不同的方式来表达自己的需要，且经过对现实世界不断尝试，修饰自己的角色。这个阶段发展的任务是：发展自我形象，发展对工作世界的正确态度，并了解工作的意义。这个阶段共包括三个时期：

（1）幻想期（4 ～ 10 岁）

它以“需要”为主要考虑因素，在这个时期幻想中的角色扮演很重要。

（2）兴趣期（11 ～ 12 岁）

它以“喜好”为主要考虑因素，喜好是个体抱负与活动的主要决定因素。

（3）能力期（13 ～ 14 岁）

它以“能力”为主要考虑因素，能力逐渐具有重要作用。

2. 探索阶段（14 ～ 25 岁）

探索阶段属于学习打基础的阶段。该阶段的青少年，通过学校的活动、社团休闲活动、兼职实习等机会，对自我能力及角色、职业做了一番探索，因此在选择职业时有较大的弹性。这个阶段发展的任务是：使职业偏好逐渐具体化、特定化并实现职业偏好。这个阶段也包括三个时期：

（1）试探期（15 ～ 17 岁）

考虑需要、兴趣、能力及机会，做出暂时的决定，并在幻想、讨论、课业及工作中加以尝试。

（2）过渡期（18 ～ 21 岁）

进入就业市场或接受专业训练，更重视现实，并力图实现自我观念，将一般性的选择转为特定的选择。

（3）试验承诺期（22 ～ 24 岁）

生涯初步确定并试验其成为长期职业生活的可能性，若不适合则可能再经历上述各时期以确定方向。

3. 建立阶段（25 ～ 44 岁）

建立阶段属于选择、安置阶段。经过上一阶段的尝试，不合适者会谋求变迁或做其他探索，因此该阶段较能确定在整个事业生涯中属于自己的职位，并在 31 ～ 40 岁开始考虑如何保住该职位并固定下来。这个阶段发展的任务是统整、稳固并求上进。这个阶段细分又可包括两个时期：

（1）尝试期（25 ～ 30 岁）

个体寻求安定，也可能因生活或工作上的若干变动而尚未感到满意。

（2）稳定期（31 ～ 44 岁）

个体致力于工作上的稳固，大部分人处于最具创意时期，由于资深，往往业绩优良。

4. 维持阶段（45 ～ 65 岁）

维持阶段属于升迁和专精阶段。个体仍希望继续维持属于他的工作职位，同时会面对新的人员的挑战。这一阶段发展的任务是维持既有成就与地位。

5. 衰退阶段（65 岁以上）

衰退阶段属于退休阶段。由于生理及心理机能日渐衰退，个体不得不面对现实从积极参与到隐退。这一阶段往往注重发展新的角色，寻求不同方式以替代和满足需求。

（二）格林豪斯的职业发展理论

美国心理学博士格林豪斯（Greenhaus）的研究侧重于在不同年龄段职业生涯所面临的主要任务，并以此为依据将职业生涯划分为五个阶段：职业准备阶段、进入组织阶段、职业生涯初期、职业生涯中期和职业生涯后期。

1. 职业准备阶段（0 ～ 18 岁）

该阶段的主要任务是：发展职业想象力，对职业进行评估和选择，接受必需的职业教育。

2. 进入组织阶段（18 ～ 25 岁）

该阶段的主要任务是：在一个理想的组织中获得一份工作，在获取足量信息的基础上，尽量选择一种合适的、较为满意的职业。

3. 职业生涯初期（25 ～ 40 岁）

该阶段的主要任务是：学习职业技术，提高工作能力；了解和学习组织纪律和规范，逐步适应职业工作，适应和融入组织；为未来的职业成功做好准备。

4. 职业生涯中期（40 ～ 55 岁）

该阶段的主要任务是：需要对早期职业生涯重新评估，强化或改变自己的职业理想；选定职业，努力工作，有所成就。

5. 职业生涯后期（从 55 岁直至退休）

该阶段的主要任务是：继续保持已有的职业成就，维护尊严，准备引退。

（三）沙因的职业发展理论

前面提到的沙因教授立足于人生不同年龄段面临的问题和职业工作主要任务，将职业生涯分为九个阶段。

1. 成长、幻想、探索阶段（0 ～ 21 岁）

这一阶段的主要任务是：第一，发展和发现自己的需要和兴趣，发展和发现自己的能力和才干，为进行实际的职业选择打好基础；第二，学习职业方面的知识，寻找现实的角色模式，获取丰富信息，发展和发现自己的价值观、动机和抱负，做出合理的受教育决策，将幼年的职业幻想变为可操作的现实；第三，接受教育和培训，开发工作世界中所需的基本习惯和技能。在这一阶段个人充当的角色是学生、职业工作的候选人及申请者。

2. 进入工作阶段（16 ～ 25 岁）

在这一阶段，人们开始进入劳动力市场，谋取可能成为一种职业基础的第一份工作，而且个人与雇主之间达成正式可行的契约，个人成为一个组织或一种职业的成员。此阶段个人充当的角色是应聘者和新学员。

3. 基础培训阶段（16 ～ 25 岁）

这一阶段与上一阶段不同，个人要担当实习生、新手的角色，即已经迈进职业或组织的大门。这一阶段的主要任务包括：一是了解、熟悉组织，接受组织文化，融入工作群体，尽快取得组织成员资格，成为一名正式的成员；二是适应日常的操作程序，应对工作。

4. 早期职业的正式成员资格获取阶段（17 ～ 30 岁）

这一阶段个人取得组织新的正式成员资格，面临的主要任务是：承担责任，成功地履行与第一次工作分配有关的任务；发展和展示自己的技能和专长，为提升或进入其他领域的横向职业成长打基础；根据自身才干和价值观，根据组织中的机会和约束，重估当初追求的职业，决定是否留在这个组织或职业中，或者在自己的需要、组织约束和机会之间寻找一种更好的配合。

5. 职业中期阶段（25 岁以上）

这一阶段个人成为职业中期的正式成员，主要任务是：选定一项专业或进入管理部门；保持技术竞争力，在自己选择的专业或管理领域内继续学习，力争成为一名专家或职业能手；承担较大责任，确立自己的地位；开发个人的长期职业计划。

6. 职业中期危险阶段（35 ～ 45 岁）

这一阶段的主要任务是：现实地评估自己的进步、职业抱负及个人前途；就接受现状或者争取看得见的前途做出具体选择；建立与他人的良师关系。

7. 职业后期阶段（40 岁以后）

这一阶段的主要任务是：成为一名良师，学会发挥影响力，指导、指挥别人，对他人承担责任；扩大、发展、深化技能，或者增强才干，以担负更大范围、更重大的责任；如果求安稳，就此停滞，则要接受和正视自己影响力和挑战能力的下降。

8. 衰退和离职阶段（40 岁之后到退休）

不同的人在不同的年龄就会面临职业上的衰退或离职。这一阶段的主要任务：学会接受权力、责任、地位的下降；基于竞争力和进取心下降，要学会接受和发展新的角色；评估自己的职业生涯，准备退休。

9. 离开组织或退休阶段

个人在失去工作或组织角色后，会面临两大问题或任务：一是保持一种认同感，适应角色、生活方式和生活标准的急剧变化；二是保持一种自我价值观，运用自己积累的经验和智慧，以各种资源角色，对他人进行传帮带。

需要指出的是，沙因虽然基本依照年龄由小到大顺序划分职业发展阶段，但并未囿于此，其阶段划分更多的是根据职业状态、任务、职业行为的重要性，所以，他只给出了大致的年龄跨度，所划分的职业阶段有所交叉。

通过以上对职业发展理论的分析，至少可以得到以下重要的启示意义：第一，事业的成功绝不是一朝一夕就能实现的，有赖于终身的职业追求；第二，组织与个体必须主动积极地对职业生涯发展进行规划；第三，个体必须清醒地认识到自己目前处于哪个职业发展阶段，进而思考当前的职业任务与下一步的事业发展方向；第四，由于每个阶段都有相应的职业任务，因此，提前或适时地完成这些任务，是事业成功与人生幸福的关键。

第三节 职业生涯规划与管理

员工职业生涯规划主要是在组织的支持与帮助下，通过员工充分认识自己、客观分析环境、正确选择职业、科学树立目标，并运用适当的方法与采取有效的措施，克服职业生涯发展的困阻，以获得事业的成功。员工职业生涯规划通常包括自我剖析、环境与机会评估、职业定位、目标设定、策略实施、评估与校正六个步骤。

一、员工职业生涯规划的程序

（一）自我剖析

有效的职业生涯规划，必须在充分正确认识自身条件的基础上进行，所以员工职业生涯规划的第一步是全面分析和认识自己。对自我剖析越透彻，越能做好职业规划。自我剖析是指员工全面、深入、客观地分析和了解自己，弄清自己为人处世所遵循的价值观念，明确自己的价值目标，熟悉自己掌握的知识与技能，剖析自己的人格特征、兴趣、性格等多方面的个人情况，以便了解自己的优势和不足，进而对自己形成一个客观、全面的认识和定位。

（二）环境与机会评估

职业生涯规划的第二步是评估职业环境与机会，主要是评估各种环境因素对自己职业生涯发展的影响。每个人都处在一定的环境中，离开了这个环境，便无法生存与成长，因此在制订个人的职业生涯规划时，要分析环境条件的特点、环境的发展变化情况、自己与环境的关系、自己在这个环境中的地位、环境对自己提出的要求以及环境对自己有利与不利的条件等。在这个过程中，员工要多思考以下问题：社会需要什么样的人？什么样的行业、职业具有良好的发展前景？我理想的职业需要具备什么能力与素质等。只有充分了解职业环境因素与发展机会，才能做到在复杂的环境中趋利避害，为确立职业发展方向和路径奠定基础，并使自己的职业生涯规划具有实际意义。

以上两步实际上是对客观自我和环境做了一个 SWOT 分析，即优势、劣势、机会、威胁分析。具体来讲，就是要明白这样几个问题：我自身有什么优势和劣势？周围环境对我有什么优势和劣势？会给我带来哪些机会？又会对我产生哪些威胁？弄清这些问题，就为职业定位与选择奠定了基础。

（三）职业定位

通过自我剖析和环境与机会评估，员工在“知己”与“知彼”的基础上，便可进行下一步的工作，即职业定位。职业定位就是为员工的职业目标、自身潜能以及主客观条件谋求最佳匹配。职业定位或选择正确与否，直接关系到人生事业的成功与失败。员工可以充分利用职业选择理论与职业发展理论来指导自己的职业定位或职业选择。例如，根据霍兰德的职业倾向理论，员工所追求或从事的最佳职业应该与霍兰德的职业六角形模型中的一个顶点重合，否则，就应选择与之相邻的两个顶点之一的职业。

良好的职业定位是以员工的最佳才能、最优性格、最大兴趣、最有利的环境等信息为依据的。职业定位过程中应该重点考虑性格与职业的匹配、特长与职业的匹配、专业与职业的匹配等，需要特别注意以下问题：

(1) 依据客观现实，考虑个人与社会、单位的联系，以便从总体上把握自己的发展空间和发展机会。

(2) 对比职业的条件、要求、性质与自身条件的匹配情况，选择符合本人特长、自己更感兴趣，而且经过努力很快就能胜任的、有发展前途的职业。

(3) 扬长避短，不要追求十全十美的职业。

(4) 审时度势，根据情况变化适时动态调整职业选择与发展目标，不能有一成不变、固执己见的思想。

（四）目标设定

职业生涯目标的设定是职业生涯规划的核心。一个人事业的成败，很大程度上取决于有无正确适当的目标。没有目标如同驶入大海的孤舟，没有方向，不知道自己该走向何方。只有树立了目标，才能明确奋斗方向，目标犹如海洋中的灯塔，引导人避开暗礁险滩，走向成功。职业生涯目标通常分为短期目标、中期目标、长期目标和人生目标。短期目标一般为 1 ～ 2 年，中期目标一般为 3 ～ 5 年，长期目标一般为 5 ～ 10 年，人生目标一般是个人终生为之奋斗的长远目标。

在设定目标时，应根据主客观条件进行设计，要保证目标适中，不可过高或过低；要把长远目标和短期目标结合起来，通过不断实现短期目标以最终实现长远目标。目标设定一般应遵循以下三个准则：

1. 择己所爱

员工要选择在自己钟爱的职业方向发展，要将自己的兴趣爱好与事业发展有机地结合起来，这样就会给自己的一生带来无穷的乐趣、无上的荣誉和无尽的财富。

2. 择己所长

员工应尽可能地将职业与自己的长处或优点结合起来，这样才有助于取得更好的成绩。

3. 择世所需

员工要将社会的需要、所在组织的目标和个人的利益有机地整合起来，这样才有施展才华的广阔舞台。

（五）策略实施

在确定了职业生涯目标后，下一步便是目标实现策略的实施。职业生涯策略是指实现职业生涯目标的行动计划，一般都是具体的、可行性较强的。没有行动，目标就难以实现。这里的行动主要是指落实目标的具体措施，主要包括员工在工作中的表现及业绩、教育与培训、构建人际关系网以及为平衡职业目标和其他目标而付出的努力等。例如，员工为了达到目标，在工作方面，计划采取什么措施提高工作效率？在业务素质方面，计划学习哪些知识，掌握哪些技能以提高业务能力？在潜能开发方面，采取什么措施开发潜能？

（六）评估与校正

职业生涯规划制订好后，员工将沿着设计的发展通道不断地从一个职位转移到另一个职位，从较低层次上升到较高层次，直到实现职业生涯目标。在这个过程中，伴随着职位和层次的变化，员工必须不断提高自身素质，改善素质结构，同时组织仍须加强对员工职业生涯规划实施跟踪和指导，定期或不定期地对之进行评估、反馈与校正。其内容包括：

职业的重新选择，职业生涯路线的选择、人生目标的修正，实施措施与计划的变更等。评估和校正可以纠正职业生涯规划各个分阶段中出现的偏差，进而可以极大地增强员工实现目标的信心。

二、组织职业生涯管理

组织职业生涯管理不仅要帮助员工制订并实施职业生涯规划，同时还包括以下管理要点：

（一）职业生涯发展阶段管理

组织进行职业生涯管理，应该找出员工职业生涯不同阶段的管理重点，帮助员工获得职业的成功，同时培养员工的忠诚和奉献精神。

员工在组织中的职业生涯大致可分为进入组织阶段、职业生涯初期、职业生涯中期和职业生涯后期。在各个阶段，员工的职业工作任务、任职状态、职业行为等都有所不同，呈现出不同的特征。组织要根据不同职业生涯时期的个人职业行为与特征，确定每个阶段的具体管理任务。

1. 进入组织阶段

管理员工的职业生涯是一个长期动态的过程，从新员工进入组织起就应该开始。在进入组织阶段，个体根据自己掌握的信息量、面临的机遇和各方面的支持，决定是否进入职业生涯周期，同时根据自己的爱好、兴趣和意向等选择第一份工作，个体间的心理特质差异使他们面临截然不同的职业选择。因此，组织要做好招募、甄选和配备工作，根据组织发展的目标和现状，向应聘者提供准确的职业和发展信息，以供他们决策参考。其中，重点是将组织的基本理念和文化观念传达给应聘者，使他们能够真实地了解组织；组织也要尽可能全面地了解应聘者，包括他们的能力倾向、个性特征、身体素质、受教育程度和工作经历等，以便为空缺职位配备合格的人选，并为新员工未来的职业发展奠定良好的基础。

2. 职业生涯初期

个体进入组织后成为新员工，便开始了职业生涯。他们通过尝试和磨合实现对自我和环境情境的认知，通过经验、他人的反馈意见以及自我需求和环境的要求来确定职业生涯发展的目标。因此，组织应该通过试用和新工作的挑战，发现员工的才能，帮助员工明确职业定位、确定长期贡献区。具体管理任务包括：第一，了解员工的职业兴趣、技能，然后把他们放到最适合的职业轨道上去；第二，进行岗前培训，引导新员工，帮助他们熟悉环境，减少焦虑感，增加归属感和认同感；第三，培训新员工的主管，使主管成为新员工的良师益友，发挥“皮格马利翁效应”，激励新员工干好工作与平稳度过“磨合期”；第四，分配给新员工第一项工作，对其工作表现和潜能进行考察和测试，并及时进行初期绩效反馈，使他们了解自己做得如何，学会如何工作；第五，协助员工做好职业规划，如举行职业咨询会议等确认他们应在哪些方面开展职业开发活动。

3. 职业生涯中期

这一阶段，员工事业发展趋向定型与达到顶峰，自我发展的需要仍很强烈，但又意识到职业机会随着年龄增长越来越受到限制，会产生职业危机感。面对这一复杂的人生阶段，组织一方面要通过各种方法，帮助员工解决诸多实际问题，激励他们继续奋斗，以获得更大的成就；另一方面要通过各种方式，针对不同人的不同情况，为其指明和开辟事业发展的新通道。

4. 职业生涯后期

到职业生涯后期，员工的退休问题必然提上议事日程。大量事实表明，退休会对员工产生很大冲击，对组织的工作也会产生影响。组织有责任帮助员工认识接受这一客观事实，并帮助每一个即将退休的员工制订具体的退休计划，尽可能地把退休生活安排得丰富多彩。同时，多数退休员工的贡献能力不会随着正式退休而完结，组织可采取兼职、顾问或其他方式聘用他们，让他们把知识和经验传授给年轻人，延长他们的职业生涯，使他们有机会继续为组织发挥余热。

（二）职业生涯发展通道设计与管理

职业生涯发展通道设计，即根据组织业务、人员的实际情况，设置若干员工职业发展通道，使具有不同能力素质、职业兴趣的员工都可以找到适合自己的发展路径。根据不同的目的及标准，职业发展通道具有不同的设置模式。

1. 根据不同职系的晋升阶梯，可设置管理通道、专业技术通道、技能通道

管理通道是为管理人员设置的上升阶梯，在此阶梯上升意味着拥有更多制定决策的权力，同时要承担更多的责任；专业技术通道是为专业技术人员设置的、与行政职务同等重要的能力阶梯，在此阶梯上升意味着具有更强的独立性，同时拥有更多从事专业活动的资源；技能通道是为技术工人设置的上升阶梯，在此阶梯上升意味着资深的经历与较高的地位。

2. 根据员工流动的方向，可设置横向通道与纵向通道

横向通道是指员工在同一个管理层次或技术、技能等级上不同职位或不同工种之间的变动通道，它实际上是要解决在哪些职位或工种之间转换，多长时间或什么时候转换，在转换前组织和个人应做好哪些知识、技能与能力准备。横向通道的发展有助于员工找准职业生涯定位，拓宽职业生涯发展通道，满足人们不同的职业需要，拓宽视野，培养全面能力，缓解晋升压力。纵向通道是对员工在管理、技术、技能和薪酬等级上下变动的次序的设计。它包括上升通道和下降通道两种情况，但一般情况下是指上升通道，实际上是要解

决员工的晋升问题。

3. 根据晋升的机会，可设置单一职业通道、双重职业通道和多重职业通道

单一职业通道只提供一条晋升阶梯，它只适合在一些性质比较单一的组织中实行。双重职业通道提供两条平等或平行的晋升阶梯，如一条是管理通道，另外一条是技术通道。在两条职业生涯路径中，员工薪酬水平相近，发展机会也较为相似，因此，员工可以选择一种符合自己职业兴趣和能力的发展通道，进而保证组织既能聘到具有高技能的管理者，又能雇用到具有高技能的专业技术人员。它适合在拥有较多的专业技术人才和管理人才的组织中采用。多重职业通道提供三条或三条以上平等或平行的晋升阶梯。它为员工提供了更多的职业发展机会，便于员工找到与自己兴趣相符、真正适合自己的工作，实现自己的职业目标，也增加了组织的应变性。这样，当组织战略发生转移或环境发生变化时，能够顺利实现人员转岗安排，保持组织的稳定性。它适用于较大规模的组织和集团公司，尤其是高新科技企业。

除了科学设计职业生涯通道，组织还应该加强对职业生涯通道的总体管理：

第一，建设多通道，拓宽发展空间。传统的职业发展通道是单一的官本位式的上升渠道，形成所有员工都紧紧盯住管理职位、“千军万马挤独木桥”的现象。现代职业生涯管理应大力倡导建立多元化的职业生涯通道，形成多渠道、多层次的职业发展体系，实现组织与员工个人职业生涯的同步发展。例如，深圳华为公司对人力资源进行分层分类管理，提供各种通道，有的可走管理通道，有的可走技术专家、项目经理的通道，使各类人才都能找到自己发展的机会和平台；青岛海尔集团实行星级技术能手制和员工职级动态转换制；IBM 公司为员工提供“双向前程”，员工可根据自己的个性和兴趣选择管理路线或者专业路线。

第二，帮助员工确定职业生涯发展路线，即选择职业后怎样实现自己的职业目标。组织需要帮助员工确定是走专业技术发展道路，还是走行政管理发展道路。这样促使员工了解自己晋升的方式与机会，进而为他们指明发展方向。

第三，排除障碍，疏通职业通道。职业通道设置后，员工在行进过程中可能会遇到许多障碍，扫除通道上的障碍，是职业发展管理的重要任务。员工职业发展的障碍，既来自员工职业工作本身，又来自家庭，还产生于个人的生物与社会周期，因此组织有必要寻找障碍源，有针对性地解决问题、排除障碍，以使员工职业发展通道更加畅通。

（三）加强职业指导与素质测评

职业生涯管理是一项非常专业的工作，组织应该加强职业指导与素质测评，为员工职业发展提供相关专业指导及服务。事实上，许多大中型组织，都在组织内设立了职业生涯评估指导中心或能力测评中心，对员工进行评估指导。例如，通用电气公司、IBM 公司、松下电器公司等均有辅导专家，协助员工解决生涯发展问题。职业评估指导中心的重要任务在于：①发布组织职位需求信息，增进员工对组织发展的了解；②了解员工的愿望、要求和想法；③帮助员工认识、评估个人特质、能力、兴趣爱好，帮助员工分析和选择自己

的适宜职业及职位；④职业匹配定位。

素质测评是进行职业指导的基础，所以组织应该加强员工素质测评。员工素质测评主要是通过个性、智力水平、职业倾向、气质、管理能力等方面的测评，全面了解员工的基本情况，以便将其安排到合适的职位，并针对其不足提供相应的指导和培训。员工素质测评的内容及方法主要包括：①卡特尔16种人格因素测验，测验员工的内向或外向、聪明或迟钝、激进或保守、负责或敷衍、冒险或胆小、顾全大局或矛盾冲突、情绪激动或情绪稳定等方面的个性特征；②智力测验，测验人的逻辑推理、言语理解、数字计算等方面的基本能力；③霍兰德的职业性向测验，测验员工个性类型和职业类型匹配情况；④气质测验，测验员工的感受性、耐受性、反应的敏捷性、可塑性、情绪兴奋性和指向性等特性，以区分多血质、胆汁质、黏液质和抑郁质的性格特点；⑤管理能力测验，测验员工的战略规划能力、沟通能力、组织能力与口头表达能力等；⑥一般能力倾向测验，测验员工的图形识别、空间想象、计算的速度与准确性、言语理解、词语组合等方面的能力倾向。

（四）实施职业培训

组织应结合员工职业发展目标，建立与职业生涯管理相配套的培训与开发体系，帮助员工不断提高业务素质和专业技能，在各自的职位序列中快速成长。首先通过向员工介绍本组织职业生涯管理政策等信息，让员工目标与组织目标达到一致。其次，根据员工现有技能水平与任职要求存在的差距，有针对性地提供业务学习机会。特别是对那些在职业生涯诊断中出现问题的员工，更应对其进行新技能、价值观等反馈支持性的培训，缩小他们与职业目标之间的距离。最后，开展职业资格培训，不断完善从初级职位到高级职位（如初级工、中级工、高级工、技师、高级技师）的职业资格培训体系和职业技能鉴定体系。

（五）建立职业生涯管理评价系统

为了判断职业生涯管理战略实施的进度和职业生涯管理的有效性，组织必须建立一套行之有效的职业生涯管理评价系统。职业生涯管理评价系统不同于绩效评价系统，前者以评价职业生涯管理为目的，衡量职业生涯管理与员工职业生涯目标之间的差距，并在此基础上协调职业生涯管理的战略措施；后者则以评价员工的工作行为和结果为主要目的，建立职业生涯管理评价系统的目的有两个：一是对组织现状进行合乎实际的理性评估，确定组织发展的阶段和变革方向，适时调整职位规划，并结合经营状况，控制职位的薪酬总量；二是对员工的业绩、素质、技能等进行有针对性的局部评价，把握整个人力资源的主要状况及特点，以便保持员工职业生涯设计时的组织绩效导向。

（六）完善人力资源管理体系

实施职业生涯管理，必须完善人力资源管理体系。组织应特别重视研究人与工作的关系，做好职位分析、职位编制计划等人力资源管理的基础性工作，为职业生涯管理整套方案的运行提供管理基础与平台。缺乏人力资源管理体系这个基础和平台，职业生涯管理就缺乏标准，进而会造成工作职责不清、员工流动混乱以及晋升道路不畅等弊病，进而言之，不踏踏实实地做好人力资源管理的基础性工作，职业生涯管理就会成为无本之木、无源之水。因此，组织应该搭建好人力资源管理平台，将职业生涯管理融入人力资源管理活动，这样才能切实做好职业生涯管理，实现组织与员工的共同成长。

参考文献

[1] 赵继新，魏秀丽，郑强国 . 人力资源管理：有效提升直线经理管理能力 [M]. 北京：北京交通大学出版社，2020.

[2] 杨丽君，陈佳 . 人力资源管理实践教程 [M]. 北京：北京理工大学出版社，2020.

[3] 张绍泽 . 人力资源管理六大模块实操全案 [M]. 北京：中国铁道出版社，2020.

[4] 袁蔚，杨加陆，方青云，等 . 人力资源管理教程（第二版）[M]. 上海：复旦大学出版社，2018.

[5] 温晶媛，李娟，周苑 . 人力资源管理及企业创新研究 [M]. 长春：吉林人民出版社，2020.

[6] 杨宗岳，吴明春 . 人力资源管理必备制度与表格典范 [M]. 北京：企业管理出版社，2020.

[7] 黄铮 . 一本书读懂人力资源管理 [M]. 北京：中国经济出版社，2020.

[8] 张景亮 . 新时代背景下企业人力资源管理研究 [M]. 长春：吉林科学技术出版社，2020.

[9] 陈妙娜，吴婷，陈景阳 . 民办高校人力资源管理发展研究与实践 [M]. 北京：企业管理出版社，2020.

[10] 胡羚燕 . 跨文化人力资源管理 [M]. 武汉：武汉大学出版社，2018.

[11] 田斌 . 人力资源管理 [M]. 成都：西南交通大学出版社，2019.

[12] 蔡黛沙，袁东兵，高胜寒 . 人力资源管理 [M]. 北京：国家行政学院出版社，2019.

[13] 曹科岩 . 人力资源管理 [M]. 北京：商务印书馆，2019.

[14] 刘燕，曹会勇 . 人力资源管理 [M]. 北京：北京理工大学出版社，2019.

[15] 陈锡萍，梁建业，吴昭贤 . 人力资源管理实务 [M]. 北京：中国商务出版社，2019.

[16] 祁雄，刘雪飞，肖东 . 人力资源管理实务 [M]. 北京：北京理工大学出版社，2019.

[17] 徐伟 . 人力资源管理工具箱（第三版）[M]. 北京：中国铁道出版社，2019.

[18] 柴勇 . 旅游人力资源管理 [M]. 长沙：湖南大学出版社，2019.

[19] 李志 . 公共部门人力资源管理 [M]. 重庆：重庆大学出版社，2019.

[20] 徐艳辉，全毅文，田芳 . 商业环境与人力资源管理 [M]. 长春：吉林大学出版社，2019.

[21] 刘倬 . 人力资源管理 [M]. 沈阳：辽宁大学出版社，2018.

[22] 张同全 . 人力资源管理 [M]. 大连：东北财经大学出版社，2018.

[23] 吕菊芳 . 人力资源管理 [M]. 武汉：武汉大学出版社，2018.

[24] 刘娜欣 . 人力资源管理 [M]. 北京：北京理工大学出版社，2018.

[25]欧阳远晃，王子涵，熊晶远.现代人力资源管理[M].长沙：湖南师范大学出版社，2018.

[26] 陈伟 . 腾讯人力资源管理 [M]. 苏州：古吴轩出版社，2018.

[27] 游富相，余宜娴，宋丹莉 . 酒店人力资源管理 [M]. 杭州：浙江大学出版社，2018.

[28] 林忠，金延平 . 人力资源管理（第五版）[M]. 大连：东北财经大学出版社，2018.

[29] 张继辰，王京生，陶一桃 . 华为之人力资源管理 [M]. 深圳：海天出版社，2018.

[30] 奚昕，谢方 . 人力资源管理（第五版）[M]. 合肥：安徽大学出版社，2018.